어둠은
빛이 시작되는 곳이다

어둠은 빛이 시작되는 곳이다

초판 1쇄 인쇄	2025년 06월 16일
초판 1쇄 발행	2025년 06월 30일

신고번호	제313-2010-376호
등록번호	105-91-58839

지은이	김시유

발행처	보민출판사
발행인	김국환
기획	김선희
편집	현경보
디자인	김민정

ISBN	979-11-6957-359-7　03810

주소	경기도 파주시 해올로 11, 우미린더퍼스트@ 상가 2동 109호
전화	070-8615-7449
사이트	www.bominbook.com

- 가격은 뒤표지에 있으며, 파본은 구입하신 서점에서 교환해드립니다.
- 이 책은 저작권법에 의하여 보호를 받는 저작물이므로 무단 전재와 복사를 금합니다.

어둠은
빛이 시작되는 곳이다

그리고 그 빛은 나였다

살고 싶다는 감정은,
삶이 내게 다가왔다는 첫 신호였어

김시유 지음

추천사

 우리는 종종 말한다. 어둠은 끝이라고. 하지만 이 책의 작가 김시유는 말한다. 어둠은 시작이라고. 그리고 그 시작은, 자신을 향해 아주 조심스럽게 말을 걸기 시작한 한 사람으로부터 비롯된다. 이 책 『어둠은 빛이 시작되는 곳이다』는 중독의 고통과 약의 부작용이라는 상처를 지나 삶을 다시 꿰매는 한 사람의 손끝에서 태어난 '말의 실타래'다. 작가는 이 책을 통해, 아무도 보지 못한 자신만의 무너짐을 가만히 펼쳐놓는다. 그 조용한 붕괴 속에서 다시 감정을 회복해 가는, 인간적인 여정을 기록한다.

 책은 이렇게 시작한다.
 "상처는 빛이 들어오는 자리다."
 루미의 이 문장은 작가가 이 책 전체를 통해 독자에게 전하려는 말의 핵심이다. 어둠은 갑자기 오는 것이 아니라, 익숙해지며 스며들고, 결국 나를 감추게 한다. 또한 작가는 이렇게 고백한다.

"나는 나를 숨긴다. 괜찮은 척, 바쁜 척, 웃는 척."

하지만 가면을 벗은 무대 뒤편, 텅 빈 조명 아래에 선 자신을 정면으로 마주했을 때, 그는 비로소 글을 쓰기 시작한다.

이 책의 중심에는 '감정의 회복'이라는 주제가 단단히 자리하고 있다. 작가는 "아무것도 느끼지 않는 것이 가장 무서운 고통이었다"고 말하며, 다시 기쁨을, 분노를, 슬픔을, 사랑을 느끼고 싶다는 갈망으로 이 글을 시작한다. 감정은 병원 진단서에 여러 가지 아픔으로 기록되어지지만, 사실은 삶을 이어가게 하는 가장 근본적인 증거라는 것을 작가는 예리하게 포착해낸다. "감정이 사라졌다는 사실을 인정하는 것! 그 절망 속에서도 다시 감정을 갈망하는 것! 그것은 내가 아직 살아있다는 증거였다"고 적은 대목은, 독자의 마음을 오래 울린다.

작가는 정신과 약물 치료의 경험, 약물 부작용, 충동성, 감정의 무력화, 사회적 편견 등도 피하지 않는다. 차분하게, 그러나 직면하는 언어로 말한다.

"약이 만든 파장은 내 성격과 몸과 관계와 기억까지 바꿔놓고 있었다. 하지만 세상은 나를 비난했다. 아무도 묻지 않았다. '요즘 어떤 약 드세요?'라는 질문은 없었다."

이 문장 뒤엔 절절한 외침이 숨어 있다. 자기 연민이 아니라, 오히려 용기의 언어다. 타인의 무지한 시선에 침묵하지 않고 그 침묵을 글로 변환하여 공감의 공간으로 이끌어낸다.

무엇보다 이 책은 "누군가의 회복이 이렇게 조용히, 그러나 깊게 내게 말을 걸어올 줄은 몰랐다"는 한 문장처럼, 마음의 더 깊은 곳에 닿는 문장들로 가득하다. 어느 날 메모지에 쓴 '약에 대해 알아보기', '커피 한 잔 마시기' 같은 일상적인 다짐조차도 눈물로 번져 나오는 장면에서는, 가장 작은 것들이야말로 삶의 본질이란 사실을 절절히 느끼게 한다.

이 책의 감동은 바로 거기에 있다. 드라마틱한 반전이나 결말 대신, 아주 작고 조용한 변화들이 쌓여 다시 '살아가는 감각'을 되찾는 여정을 보여준다. 셀레나 고메즈나 브레네 브라운의 말들을 인용하면서, 자신의 고백을 시대적 맥락 속에 정교하게 연결해낸다. 디지털 중독, 보여지는 존재에 대한 강박, 사회적 우울을 아우르며 이 책은 지금 이 시대의 기록이기도 하다.

"나는 더 이상 고통으로만 기억되는 사람이 되기를 원하지 않는다. 상처 위에 꽃을 심은 사람으로 남고 싶다."

　작가의 이 말은 단지 문장의 수사가 아니라, 희망이며 책 전체를 꿰는 정서다.

　"나는 아직도 다 아물지 않았지만, 그 상처 위에 쓴 문장들은 더는 나를 찢지 않는다."

　이 문장이야말로 회복의 언어, 치유의 미학이다.

　나는 이 책을 우울이라는 이름의 안개 속을 걷고 있는 모든 이에게 건네고 싶다. 감정이 마비된 채, 하루하루를 '버티기'만 하고 있는 이들에게, 자신의 고통이 타인에게 설명되지 않는다는 외로움 속에 머무는 이들에게 말이다. 이 책은 말없이 우리에게 손을 내민다. "너는 아직 여기 있어"라고 말이다. 조용하지만 단단하게, 한 인간의 회복 서사가 독자의 손을 잡는다. 그것이 이 책이 갖는 위로의 방식이며, 가장 아름다운 빛이다.

2025년 6월
편집위원 **김선희**

Prologue

"상처는 빛이 들어오는 자리다(The wound is the place where the Light enters you) - 루미(Rumi)"

어둠은 갑자기 찾아오지 않았다.
빛이 서서히 사라졌고, 그림자가 조금씩 퍼졌다.
나는 그걸 몰랐다. 아니, 모르는 척했다.
언젠가부터 밤이 더 익숙해졌고,
익숙하다는 건 곧 무감각해졌다는 뜻이었다.

나는 나를 숨긴다.
괜찮은 척, 바쁜 척, 웃는 척
그렇게 주어진 역할을 충실히 연기하는 삶
장면이 끝나고 조명이 꺼졌을 때,

남겨진 건 텅 빈 무대 위의 나였다.

넌 뭐가 그리 힘들어?
그 말 앞에서 나는 떨어진다.
끝없는 추락
끝없는 공포
그들은 모른다.
내가 얼마나 조용히, 천천히,
그리고 깊게 무너졌는지.

그 무너짐 속에서도, 나는 놓지 않았다.
움켜쥔 손바닥 속의 나

이 이야기는 설명이 아니다. 해명도 아니다.
그저 한 사람의 장면들, 기억들, 고요한 파편들이다.
그 파편 속 어딘가에
당신이 있다. 내가 있다.

살기 위해 내쉬는 한숨은
당신의 것이고, 나의 것이며,
우리가 감추고 눌러놓은 삶이다.

누구나 한 번쯤은 무너진다.
그 무너짐이 꼭 울음으로 시작되지는 않는다.
어떤 이는 입을 닫고, 어떤 이는 목소리를 높이며,
어떤 이는 너무 많이 웃는다.

나는 그 무너짐을 기억한다.
날카롭거나, 참혹하거나, 영웅적이지 않았다.
그저, 조용했다.
아주 조용해서 아무도 몰랐다.

조용한 붕괴를 견뎌낸 사람들
사랑이라는 흉터를 품었고,
누군가는 사라지고 싶었으며,
누군가는 아주 작게라도 다시 살아보고 싶었다.

카메라는 그들의 얼굴을 정면으로 비추지 않는다.
옆모습, 뒷모습, 그리고 손끝
그건 말보다 조용했고, 설명보다 선명하다.
그리고 나는 그 장면들을 따라간다.
내 안의 무엇이 자꾸 떨린다.

이 책은, 타인의 이야기인 동시에 내 이야기였고,
당신의 이야기다.

이 이야기는 어떤 해답도 주지 않는다.
다만, 당신의 조용한 무너짐이 부끄럽지 않다고,
그 흔들림 위에서도 삶은 계속된다고 말해줄 뿐이다.

조명이 다시 켜지는 순간,
무대 위에 다시 서는 것은 완벽한 내가 아니라,
수없이 넘어졌지만 또 일어서려는 나다.
상처는 빛이 들어오는 자리다.

이건 나를 위한 예고편이다.
그리고, 당신을 위한 작은 시작의 문장이다.

2025년 6월

지은이 **김시유**

목차

추천사 • 4
Prologue • 8

제1부. 웃지 않는 아이
01. 침묵은 나의 가장 오래된 언어다 • 16
02. 이 울컥함은 어디서 왔을까? • 23
03. 기억은 존재를 확인시킨다 • 30
04. 오늘도 나를 버티게 해야 한다 • 38
05. 우리는 모두 병들어 있다 • 50

제2부. 치유라는 이름의 빛
01. 괜찮아, 아직 낯설 뿐이야 • 68
02. 처음으로 살고 싶었다 • 77
03. 정신과 약은 약점이 아니다 • 83

제3부. 치유라는 이름의 그림자
01. 함께 살아가는 법을 배우다 • 100
02. 누군가의 온기를 그리워하다 • 104
03. 다시 일어설 수 있을까? • 109

제4부. 나를 파괴하는 것들에 맞서다
01. 난 문란한 여자가 아니야! • 122
02. 나의 삶이고 나의 싸움이었다 • 129
03. 이렇게 다시 살아가고 있다 • 137

제5부. 그들에게 샴페인을
01. 우리는 조금씩 나아가고 있다 • 150
02. 나는 이제, 사라지지 않기로 했다 • 154
03. 괜찮아, 너는 아직 여기 있어 • 158
04. 자신을 다시 세운 사람의 이야기 • 162
05. 다시 무너지지 않기 위해 • 166
06. 내가 누구인지 잊어버리고 있었다 • 169

제6부. 나에게 샴페인을
01. 오늘 하루만 더 버티자 • 180
02. 사람을 대할 때 불을 대하듯 하라 • 184
03. 나는 희망으로 기억되기를 바란다 • 189

Epilogue • 200

웃음이란 건, 누구나 갖는 자연스러운 감정이지만
내게는 허락되지 않는 표정처럼 느껴졌다.

제1부.
웃지 않는 아이

01
침묵은 나의
가장 오래된 언어다

"울음은 삶의 무게를 돌아보고 천천히 받아들이게 해 (Crying helps me slow down and obsess over the weight of life's problems) - **Sadness, Inside Out (2015)**"

나는 웃지 않는 아이였다. 웃음이란 건, 누구나 갖는 자연스러운 감정이지만 내게는 허락되지 않는 표정처럼 느껴졌다. 웃고 싶어 입꼬리를 올리다가도, 누군가의 얼굴을 살피며 얼어붙곤 했다. 어딘가 마음속에 깊이 묻힌 무언가가 내 표정을 조용히 눌러앉고 있었던 것 같다. 나는 어릴 적부터 감정을 품은 채 말없이 걷는 아이였다. 누군가에게 기대고 싶은 날에도 애써 등을 펴고 침묵으로 버티던 기억, 그게 나의 시작이었다.

우리 집은 늘 정돈돼 있었고 조용했다. 너무 조용해서 오히려 무거웠다. 엄마는 언제나 정갈했고, 아빠는 모든 일에 도덕적이었다. 심지어 다 같이 먹는 저녁 식사 시간엔 바닥에 부딪히는 수저 소리조차 정돈되어 있었고, 식탁에선 감정보다 예의가 먼저였다. 나는 그 조용한 공기 속에서 소리가 나지 않는 존재처럼 행동하려 애썼다. 그래야 착한 아이였으니까.

실수도, 칭찬도, 소란도 모두 금기처럼 느껴졌던 그 시절, 나는 조금씩 나를 지우는 법을 배웠다. 조용하고, 정돈되고, 눈에 띄지 않는 아이. 그게 부모님이 좋아하는 모습이라는 걸 나는 알기 때문이다.
"사람은 남에게 피해를 주는 일을 하지 말아야 대우받는 거야."
"적어도 학교는 이런 곳엔 다녀야 한다."
"아무 일이나 하지 말아. 가치가 있는, 남 보기에 부끄럽지 않은 일을 찾아라."
아빠의 말은 우리 집에선 진리였고, 엄마는 말없이 고개를 끄덕였다. '피해를 주지 않는 일'과 '가치가 있는 일'은 어린 내겐 너무 어려운 선택들이었다. 결국, 나는 부모님의 시선에 '나쁜 선택'을 하지 않기 위해 나를 숨기는 쪽을 택했다. '아무것도 하지 않는 것' 그것이다. 그렇게 아무것도 하지 않음으로써 얻은 조용한 아이라는 말은 나에게 칭찬으로 돌아왔고, 웃지 않는 얼굴은 보호색처럼 점점 몸에 물들어갔다.

나는 소리치고 싶었다.
"엄마, 왜 나는 안 되는 거야?"
그러나 그 절규의 무거움은 말로 꺼낼 수 없는 무게였다. 말하는 순간 간신히 붙잡고 있는 부모님에 대한 사랑이 무너질 것 같아서, 아니, 말해도 들리지 않을까봐. 그래서 그 아이는 늘 조용했다. 말 대신 그림을 그리고, 마음 대신 공책 가장자리에 작은 동그라미를 그려가며 자신을 표현했다. 그런 방식으로라도 존재하고 싶었던 것이다. 그러나 아무도 눈치채주지 않았다. 그 조그마한 신호들마저 세상의 소음 속에 묻혀버렸다.

감정이 억눌린 채 자란 아이들은 종종 타인의 감정에 민감하다. 나 역시 그랬다. 친구의 작은 한숨, 선생님의 눈빛 하나에도 온몸이 반응했다. 누군가가 화난 게 아닐까? 실망한 건 아닐까? 늘 걱정했고 긴장했다. 타인의 감정을 먼저 읽어야 살아남는 법을 알았던 것이다. 그런 아이는 자신의 감정을 가장 마지막에 남긴다. 감정을 말하지 않는 것이 아니라, 감정이 말해지지 않는 구조 속에 살아가는 것이다.

　나는 그런 아이였다. 나를 숨기는 데 익숙했고, 나를 지우는 데 능숙했다. 사람들 사이의 관계도 그랬다. 친구 관계는 늘 좁고 너무 깊었다. 깊이 사귀다가도 끝은 갈등으로 마무리되기 일쑤였다. 한 번 정이 들면 오래 끌었지만, 감정이 폭발하면 마치 스위치를 내리듯 관계를 끊어버렸다. 마음속에는 끓어오르는 감정이 자주 있었고, 그 감정은 친구를 향해 쏟아져 나왔다. 나는 내 감정을 조절하지 못한 채, 상대에게 모든 것을 쏟아붓고는 스스로도 지쳐버렸다. 상대방은 그런 나를 힘들어했고 나에게서 멀어졌다. 때로는 내가 먼저 등을 돌렸다. 이 반복되는 '가까워졌다 멀어지는' 관계의 패턴은, 결국 나를 더 외롭게 만들었다.

　고등학교 시절, 반 배정을 앞두고 친구와 다시 같은 반이 되기를 바랐던 기억이 있다. 그 바람이 이루어졌을 때의 기쁨과 다른 친구와는 떨어졌을 때의 아쉬움이 교차하던 그 감정! 슬프면서도 기쁜, 묘한 이중 감정은 관계라는 것이 항상 시작과 끝을 품고 있다는 것을 어린 나에게 가르쳐 주었다. 그 기억은 지금도 선명하다. 그만큼 나는 사람을 좋아했고, 또 그만큼 상처받기도 쉬운 아이였다. 나는 사랑을 갈망했다. 그 갈망은 조용한 비명처럼 내 안에서 울렸고, 표현되지 못한 감정은 방 안의 정적처럼 내 몸을 감쌌다.

누군가 "잘했어!" 한마디만 건넸다면, 나는 무너질 듯 기뻐했을 것이다. 하지만 그런 말은 쉽게 오지 않았다. 칭찬 대신 돌아오는 건 "그 정도는 당연하지!"라는 말이었고, 기대를 담아 건넨 표현에는 "오버하지 마!"라는 반응이 돌아왔다. 나는 '사랑받을 자격'에 조건이 있다는 걸 알게 되었고, 그 조건을 채우기 위해 나를 점점 작게, 얌전하게 무채색으로 만들었다.

시간이 흐르면서, 나는 스스로에게조차 희미해졌다. 입꼬리를 올리는 법은 알았지만, 진심으로 웃는 법은 잊었다. 칭찬을 받으면 의심부터 앞섰고, 슬픔을 느끼면 말보다 숨을 먼저 삼켰다. 생일날 촛불 앞에서도 나는 조용히 소원을 속삭였지만, 그것조차 '너무 바라는 것 아닐까?'라는 두려움에 걸려 입술을 닫았다. 표현이 곧 실망으로 돌아온다는 기억은 내 마음의 문을 점점 더 조용히 닫게 만들었다.

어릴 적 내가 들고 간 성적표 앞에서, 엄마는 무표정하게 "이 정도론 좋은 대학은 어렵지!"라고 말했다. 나는 고개를 끄덕였지만, 마음속 어딘가가 바스러지는 소리를 들었다. 칭찬을 바라지 않으려 애썼지만, 여전히 나는 그 말을 듣고 싶었다.

"수고했어."

단 네 글자면 충분했을 텐데… 그 말 한 줄이 내 마음을 얼마나 안아줄 수 있는지를, 어른들은 알지 못했다.

그렇게 나는 웃지 않는 아이가 되었다. 대신 눈을 피하는 아이, 대신 마음속에서만 말하는 아이. 내 안에는 하고 싶은 말들이 자꾸만 멈췄고, 웃음도 말도 내 안 어딘가에 고요히 가라앉았다. 지금도 마음 한쪽에는 그때의 내가 조용히 웅크리고 있다. 누구보다 조용하게, 하지만 누구보다 간절하게 누군가의 따뜻한 눈빛을 기다리는 아이. 그 아이는 아직도 문 앞에 서 있다. 문을 열고 들어올 누군가의 말 한마디를 기다리며, 한 걸음도 움직이지 못한 채 마음의 시간을 붙잡고 있다. 그리고 나는 지금도 그 말을 기다리고 있을 내면의 그 작은 아이에게 조용히 말해 본다.

"괜찮아, 너는 이미 충분히 괜찮은 사람이야."

감정이 벼락처럼 밀려올 때마다, 나는 다시 어린 시절의 나로 돌아가는 기분이 든다. 그때처럼 마음속에서 울음이 차오르고, 나는 그것을 참기 위해 눈을 질끈 감는다. 침묵은 내 안에서 가장 오래된 언어다. 지금도 나는 그 언어를 번역하는 법을 조심스럽게 배우는 중이다.

02
이 울컥함은 어디서 왔을까?

"네가 외롭고 어두운 곳에 있을 때, 너의 존재 안에 얼마나 놀라운 빛이 있는지 보여줄 수 있다면 좋겠어(I wish I could show you when you are lonely or in darkness the astonishing light of your own being) - 하피즈(Hafiz)"

감정은 속삭이듯 안으로 가라앉았다. 겉으론 괜찮은 척했지만, 속은 조용히 금이 가고 있었다. 매일 아침, 침대에서 일어날 때조차 가슴은 이상하게 무거웠고, 사소한 말 한마디에도 눈물이 맺히곤 했다. 누군가가 '별일 아니야'라고 쉽게 넘기는 순간에도 내 마음은 깊게 흔들렸다. 그 무게를 어디에도 놓을 수 없었던 나는, 그저 아무렇지 않은 표정을 짓는 방법을 먼저 배웠다.

하지만 억눌린 감정은 생각보다 오래 숨어 있지 못했다. 친구의 작은 말투, 농담 하나에도 나는 불쑥 욱했고, 감정은 통제할 수 없이 쏟아졌다. 다 쏟아내고 난 후엔 한없이 작아졌다. '내가 왜 그랬지?' 하고 자책하면서, 동시에 또 다른 날엔 같은 일이 반복되었다. 이기적이라는 말, 유난스럽다는 말, 참을성이 없다는 말! 나는 그 말들 앞에서 더 말이 없어졌고, 사람을 멀리하기 시작했다.

어느 순간부터 관계는 짧고 강했고, 그 끝은 언제나 뾰족하게 다가왔다. 감정이 깊어질수록 상대와의 거리는 더 민감하게 흔들렸고, 친밀감은 충돌로 이어지기 쉬웠다. 나의 감정은 한순간에 치솟았다가 곧 후회와 죄책감으로 가라앉았고, 반복되는 감정기복은 관계를 지속할 에너지를 점점 앗아갔다.

내가 미친 걸까? 분노가 치밀 땐 현실감이 멀어졌고, 눈앞에 있는 사람이 적처럼 느껴졌다가도, 시간이 지나면 모든 게 나의 탓이라는 생각에 빠졌다. 감정이 폭주한 뒤에는 온몸이 축 처지고, 나는 꼭 나 자신에게 벌을 주듯 침묵과 고립 속에 숨어들었다. 아무리 가까운 관계여도, 결국은 멀어질 거라는 확신 같은 게 마음속에 자리 잡았고, 그 불신은 더 많은 갈등을 불렀다.

그래서 나는 스스로를 감정 쓰레기통처럼 느꼈다. 한 번 쏟아내고 나면 마음이 텅 비었고, 뒤따르는 건 늘 '내가 또 상처를 줬구나!' 하는 무거운 자책감이었다. 그런데도 그게 정확히 어떤 문제인지, 왜 그런 상황이 반복되는지 알 수 없어 더 혼란스러웠다. 감정의 정체는 흐릿했고, 그저 내가 이상한 사람이라는 생각만이 머릿속을 맴돌았다. 나는 몰랐다. 그냥 내가 성격이 나빠서, 감정기복이 심해서, 관계를 잘 못해서라고만 생각했다. 하지만 마음속에서는 늘 무언가 잘못되고 있다는 느낌이 떠나지 않았다.

분노는 예고 없이 올라왔다. 가까운 사람일수록 더 심했고, 쏟아붓고 나면 후회가 밀려왔다. 그런데 이상하게도, 이런 일이 반복될수록 더 감정을 숨기게 되었고, 관계에 거리감을 두는 게 점점 익숙해졌다. 그러면서도 동시에 외로웠다. 누군가와 친해지고 싶다는 마음은 있었지만, 또다시 상처 줄까봐 두려웠다.

나는 말했다.

"난 혼자가 더 편해."

진심이었을까? 혹시 상대방에게 외롭다고 외치고 있진 않았을까? 상처 주지도, 받지도 않기 위한 방식! 나는 여전히 내가 왜 이렇게 힘든지 몰랐고, 감정의 정체가 뭔지도 알 수 없었다. 그냥 나만 이상한 것 같고, 나만 무너지고 있는 것 같았다.

지금 생각해 보면, 감정은 그저 이해받고 싶었던 것이다. 내 마음을 조금만 들여다봐 주었더라면, 내가 그토록 두려워했던 폭발도 없었을지도 모른다. 나는 말하지 못했던 그 감정들을, 이제야 조심스럽게 꺼내보고 있다.

사람들 앞에 서는 건 언제나 두려웠다. 어린 시절 발표 차례가 다가올수록 심장이 빨라졌고, 가슴속 깊은 곳에서부터 불안이 올라왔다. 이름이 호명되는 순간, 나는 몸을 굳힌 채 눈앞이 하얘지는 느낌을 받곤 했다. 머릿속에 준비된 말은 어김없이 증발했고, 가슴속엔 울음이 솟구쳤다. 말하는 것보다 울음을 삼키는 일이 더 중요했다. 말실수보다 감정을 들키는 게 더 큰 실패처럼 느껴졌기 때문이다. 그 감정은 나를 더 고립시켰다. 감정 표현이 불편한 아이, 눈물이 많은 아이, 유난스러운 아이라는 인식은 나를 더욱 조용한 아이로 만들었다. 그래서 사람들 앞에서는 항상 침착한 척했고, 혼자 있을 때에야 비로소 마음속 문을 열 수 있었다. 눈물은 나의 방어였고, 동시에 나의 언어였다.

사람들 앞에서 떨리던 손끝은, 어릴 적부터 반복되던 긴장과 불안을 반영하는 신체의 기억이었다. 아무 일도 일어나지 않았지만, 그 조용한 장면들 속에 감정은 터지고 있었다. 내 안의 불안은 아주 작고 가늘게 시작되었다. 처음엔 '왜 이리 심장이 빨리 뛰지?' 정도였지만, 점점 그것은 나를 삼켜버리는 속도로 자랐다. 사소한 말에도 얼굴이 달아오르고, 대답 한마디에도 눈물이 맺혔다. 감정이 쉽게 움직이는 아이였지만, 누구도 그걸 예민함 이상의 말로 다뤄주지 않았다. 감정을 숨기는 기술은 점점 정교해졌고, 나도 모르게 스스로를 조용히 구석으로 몰아넣는 습관이 생겼다.

10대에 들어서며 감정은 더 쉽게 흔들렸고, 그걸 다스리는 건 점점 더 힘들어졌다. 친구들과의 관계는 얕아졌고, 누군가와 깊게 엮이는 게 두려웠다. 너무 가까워졌다가 또 멀어지는 걸 반복하느니, 애초에 거리를 두는 게 낫다고 생각했다. 사실 그건 혼자가 편해서라기보다, 계속 부딪히고 상처받는 게 버거웠기 때문이다.

아침에 눈을 뜨는 것조차 쉽지 않았다. 특별한 이유도 없이 눈물이 고였고, 그냥 '존재하는 일' 자체가 힘겹게 느껴졌다. 수업 중에도 눈앞이 흐려지는 순간이 있었고, 친구들의 시선은 괜히 따갑게 느껴졌다. 말하려던 생각은 입술까지 갔다가 다시 삼켜졌고, 내 목소리는 자꾸 안으로만 숨었다. 머릿속은 또렷했지만, 몸과 마음은 무언가에 눌린 듯 가라앉아 있었다.
 '왜 나는 이렇게 힘들까?'
 '왜 아무도 이런 나를 모르지?'
 이런 생각이 머릿속을 떠나지 않았다. 모든 게 혼란스러웠고, 내가 나를 설명하지 못하니 세상도 나를 오해하는 것 같았다.

 친구와 다투고 난 후 감정이 식기도 전에 내가 먼저 연락을 끊은 날들이 떠오른다. 그 순간에는 상대가 나를 무시했다고 느꼈고, 그 감정은 참지 못할 분노로 번졌다. 하지만 며칠 뒤에는 말하지 못한 내 속마음이 더 크게 떠올라, 후회와 죄책감이 나를 짓눌렀다. 그 반복 속에서 나는 비로소 깨달았다. 내 감정은 나에게 가장 먼저 설명되어야 한다는 것! 그래서 요즘은 스스로에게 묻는 연습을 하고 있다.
 '왜 화가 났을까?'
 '이 울컥함은 어디서 왔을까?'

 감정 폭발 이후 남는 허무함, 누군가를 상처입혔다는 죄책감, 그리고 결국 혼자 남겨졌을 때의 고요한 외로움까지, 그것이 나를 설명하는 하나의 감정 지형이라는 걸 이제는 안다. 지금도 나는 그 시절을 통과하고 있다. 불안은 여전히 나를 따라다니고, 무표정한 얼굴 속에는 많은 감정이 숨어 있다. 하지만 이제는 그 감정들을 억누르기보다, 조금씩 꺼내어 바라보려 노력한다.

나는 더 이상 감정을 감추며 살아가고 싶지 않다. 나를 고장 난 아이로 정의하기보다, 복잡한 마음을 품고 살아가는 사람으로 인정하려 한다. 감정이 벼랑처럼 밀려올 때면 여전히 흔들리지만, 이제는 그 벼랑 끝에서도 한 걸음 더 서보려 한다. 눈물은 여전히 내 안의 오래된 언어지만, 그 언어를 통해 나를 이해하고 위로하는 법을 천천히 익혀가고 있다. 지금 나는, 감정에 눌리지 않으면서도 감정을 품고 살아가는 삶을 연습하고 있다.

03
기억은 존재를 확인시킨다

"아무것도 느끼지 않는 것이 가장 무서운 고통이다(The most terrible thing is to feel nothing) - 프리다 칼로(Frida Kahlo)"

고통에는 패턴이 있었다. 이상하게도, 그것은 예측 가능했다. 아침이면 숨이 막혔고, 오후엔 눈이 뜨거웠으며, 해가 기울기 시작하면 마음이 움츠러들었다. 나는 매일 그 시간들이 가까워질수록 긴장했고, 예상대로 감정은 정해진 틀 안에서 요동쳤다. 그 반복은 오히려 나를 마비시켰다. 슬픔과 불안은 내게 예고된 재앙처럼 찾아왔고, 그 앞에서 나는 점점 둔해졌다.

이 감정의 반복은 내 삶의 관계 곳곳에 금을 남겼다. 오전

11시쯤이면 불안이 목을 조여왔고, 친구들의 사소한 질문에도 화가 나거나 아무 말도 하지 못했다. 누군가 가까이 다가오면 나는 일부러 자리를 피했다. 나에게 말을 걸까봐, 그 작은 접촉조차 감당할 수 없을 것 같아서! 친구가 커피를 마시자며 다가왔을 때도, 나는 속으로 수없이 망설이다가 "오늘은 좀 바빠!"라는 짧은 말로 거절했다. 그 순간, 친구의 얼굴에 어렴풋이 떠오르던 실망감은 며칠 동안 내 마음속에 남았다. 관계는 멀어졌고, 나는 점점 더 고립되었다.

가족과의 식사 자리에서도 마찬가지였다. 저녁이 되면 무기력은 극에 달했고, 그 시간엔 말하는 것조차 버거웠다. 엄마가 "오늘 하루 어땠니?"라고 물으면 나는 대답 대신 수저를 들거나 밥을 한입 더 넣었다. 그렇게 말은 줄고, 식탁의 공기는 무거워졌다. 반복되는 감정의 사이클은 내게 하루라는 단위를 감정의 롤러코스터로 만들었고, 나는 그 흔들림 속에서 점점 사회적 연결의 끈을 놓아버렸다.

어느 날 밤, 나는 거실 소파에 앉아 TV 화면을 바라보다가 갑자기 모든 소리가 사라지는 듯한 느낌을 받았다. 방송은 계속 흘러나오고 있었지만, 나는 아무 감각도 느낄 수 없었다. 웃긴 장면에서 웃음이 나오지 않았고, 광고 음악도 귀에 들어오지 않았다. 마치 내 감각기관이 하나씩 꺼지는 듯했다. 그 순간, 나는 처음으로 진짜 무서움을 느꼈다. 아무것도 느끼지 못하는 상태는, 아픈 것보다 더 무서운 일이었다. 감정이라는 것이 그렇게 완전히 사라질 수 있다는 사실이 두려웠다. 불과 몇 달 전만 해도, 나는 같은 소파에 앉아 드라마 속 대사에 울음을 터뜨린 적이 있었다. 사랑하는 이의 부재를 말하는 장면에서, 나도 모르게 손으로 입을 틀어막고 눈물을 훔쳤다. 감정은 내 안을 가득 채우고 있었고, 나는 살아있다는 것을 분명히 느꼈다. 그러나 지금은 아니었다. 그와 같은 장면 앞에서도 나는 아무런 반응도 하지 못했다. 그것이 더욱 두려웠다. 감정이 사라진 자리엔 공허함만이 남았고, 그 공허는 내 존재를 집어삼키는 어둠처럼 느껴졌다.

 감정이 무뎌진 것이 아니었다. 감정이 사라진 것이었다. 기쁨도, 분노도, 눈물도 모두 나를 떠난 듯했다. 나는 나를 자극하기 위해 뜨거운 물을 마셨고, 찬바람을 맞으며 일부러 밖으로 나갔다. 손에 바늘로 찔러보기도 하고, 매운 음식을 억지로 삼켜보기도 했다. 그러나 어떤 자극도 내 안에 닿지 않았다. 피부는 아직 살아있었지만, 마음은 점점 죽어가고 있었다. 내 안의 감각기관이 하나둘 꺼지는 듯한 느낌! 삶이라는 신호가 점차 미약해지는 불빛처럼 사위어가고 있었다.

지인들이 보내온 메시지에도 반응하지 못했다. "잘 지내?" 라는 말에 답을 쓰려다 멈추고, 결국 아무 말 없이 핸드폰을 내려놓는 일이 반복됐다. 답장하지 않은 메시지가 쌓일수록, 나는 점점 더 깊이 가라앉았다. 아무것도 느끼지 못하는 상태에서는, 아무것도 시작할 수 없었다. 움직일 이유도, 대답할 이유도 사라졌기 때문이다. 그 무력함은 무서웠다. 모든 선택이 무의미하게 느껴졌고, 결국 나는 아무것도 하지 않는 사람이 되었다. 책상 앞에 앉아도 글자가 눈에 들어오지 않았고, 음악을 틀어도 소리는 공기 속에서 흩어졌다.

그 무감각은 일상을 파괴했다. 식사는 흉내였다. 씹는 감각은 있었지만, 맛은 느껴지지 않았다. 음식이 혀를 지나갈 때 아무런 향도 남기지 않았고, 그 밋밋함은 마치 감정 없는 삶을 삼키는 것 같았다. 밥을 먹는다는 행위가 살아있다는 증거가 되지 못했다. 입 안에 퍼지는 맛이란 감정의 언어였는데, 그 언어가 사라지자 나는 나 자신과도 대화하지 못하는 느낌이었다.

나는 살아있으면서도, 살아있다는 실감을 단 한순간도 느끼지 못했다. 내 존재는 껍데기처럼 살아 움직였고, 내 내면은 이미 멈춰 있었다. 친구와의 대화, 엘리베이터 안에서의 인사, 모든 것은 극처럼 반복되는 동작에 지나지 않았다. 무감각은 나를 철저하게 고립시켰다.

그러던 어느 날, 나는 알았다. 내가 감정을 잃고 있다는 사실은! 결국 나 자신을 잃고 있다는 것과 같다는 것을! 감정은 기억을 만들고, 기억은 존재를 확인시킨다. 감정을 느끼지 못하면 기억이 희미해지고, 기억이 사라지면 자신이 누구인지조차 잊게 된다. 나는 점점 나라는 사람의 경계를 잃어가고 있었다. 친구의 이름이 떠오르지 않았고, 좋아하던 노래가 낯설게 들렸다. 계절의 색감도 잃었고, 축하받을 일에도 무표정했다. 그 무렵 나는 문득, 오래전에 찍었던 사진 한 장을 꺼내 보았다. 해맑게 웃던 표정, 환하게 반사되던 빛, 바람에 날리던 옷의 감촉까지 생생했지만, 그것이 정말 나였는지 확신할 수 없었다. 그 기억조차 나의 것이 아니라, 누군가에게 들은 이야기처럼 멀게만 느껴졌다. 내가 예전엔 어떤 사람이었는지를 묻는 말에조차 답할 수 없었다. 나는 누구였을까? 그 물음은 아무런 회신도 남기지 않은 채 공허 속으로 사라졌다.

SNS에서 우연히 읽은 글이 있었다.
"나는 분명 살아있는데, 아무것도 느끼지 못하는 날들의 연속이야."

그 문장은 나를 멈추게 했다. 낯선 사람의 고백이었지만, 그것은 나의 이야기였다. 나는 거울 앞에 서서 속삭였다.

"나는 살아있는가?"

내 입술은 움직였지만, 마음은 아무 말도 하지 않았다. 그 침묵은 가장 무서운 것이었다. 단순한 말이었지만, 거기서조차 아무런 감각이 피어나지 않았기에 더 두려웠다. 그 침묵이 가장 무서웠다. 고통은 견딜 수 있었다. 하지만 아무것도 느끼지 못하는 상태는 견디는 것조차 불가능했다. 그것은 존재 자체의 무력화였고, 나는 그 속에서 서서히, 그러나 확실히 사라지고 있었다.

날마다 조금씩, 나의 일부가 지워지는 느낌! 심장은 뛰고 있었지만, 그 소리는 들리지 않았고, 살아있음을 증명해 줄 어떤 감각도 존재하지 않았다. 나는 스스로 존재한다는 사실을 믿기 위해 애썼다. 손을 꼬집고, 뺨을 때려보아도, 그것은 고통이 아니라 단지 움직임일 뿐이었다.

그 무감각의 가장 깊은 바닥에서, 나는 비로소 도움을 구하고 싶다는 생각을 했다. 그것은 구체적인 말이나 행동이 아니라, 아주 조용한 내면의 속삭임이었다.

'이대로는 안 된다.'

나를 다시 살아보게 했다. 감정이 없는 상태에서도, 의지는 살아있었다. 아주 작게, 그러나 분명히! 그 의지는 어쩌면 나를 지탱하는 마지막 줄기였고, 나는 그것을 붙잡기로 했다. 다시 살아보고 싶다는 마음! 다시 느껴보고 싶다는 갈망은 작지만 단단하게 내 안에 남아 있었다.

나는 나를 다시 찾고 싶었다. 기쁨을, 눈물을, 분노를, 사랑을, 그 모든 인간적인 감각을 다시 느끼고 싶었다. 그것이 회복의 시작이었다. 감정이 사라졌다는 사실을 인정하는 것! 그 절망 속에서도 다시 감정을 갈망하는 것! 나는 아직 완전히 사라지지 않았다는 증거였다. 나는 아직 어딘가에 살아있었다. 단지, 너무 깊숙이 묻혀 있었을 뿐이었다.

이 고백은 아무에게도 하지 못했던 말이다. 하지만 이 글을 통해서라도 누군가에게 닿는다면 좋겠다. 무감각 속에서도 우리는 여전히 존재하고 있고, 그 존재는 다시 빛을 되찾을 수 있다는 것을! 아무것도 느끼지 못했던 시간은 내게 가장 깊고, 가장 오래 남는 고통이었지만, 그 고통 덕분에 나는 나를 다시 만나고 싶다는 열망을 품게 되었다. 그리고 그 열망이 나를 조금씩, 아주 조금씩 살아있게 했다. 때로는 절망 속에서 움트는 가장 미세한 의지가, 우리를 다시 삶으로 이

끈다. 그리고 나는, 그 조용한 의지를 절대 무시하지 않기로 했다.

"아무것도 느끼지 않는 것이 가장 무서운 고통이다."

이 문장을 다시 떠올린다. 처음에는 두려움이었고, 이제는 그것이 나를 다시 살게 하는 문장이다.

04

오늘도 나를
버티게 해야 한다

"내 안의 고통이 만약 눈에 보인다면 사람들은 그것을 외면할 수 있을까?(I imagined that if the pain inside me were visible, would people still look away?) - 실비아 플라스(Sylvia Plath)"

아무 일도 없던 평범한 날들의 연속이다. 어제와 똑같은 하늘과 사람들! 오늘도 여전히 햇살이 밝았고, 창밖에서는 아이들이 떠들며 뛰어놀고 있다. 나는 똑같은 풍경과 일상도 버겁다. 하얗게 개어 있는 하늘이 무섭게 느껴졌고, 어둠을 좇아 창문을 닫는 손끝이 떨렸다. 누군가는 이런 날을 봄날이라 부르겠지만, 내겐 그 밝음조차 견디기 힘든 고통이었다.

"나는 상상했다. 내 안의 고통이 만약 눈에 보인다면, 사람들은 그것을 외면할 수 있을까?"

실비아 플라스의 독백 같은 이 말은 나의 물음이기도 했다. 만약 내 안의 고통이 피멍처럼 피부 위로 번져 있었다면, 사람들은 그것을 외면했을까? 아니면 그제야 나를 진심으로 바라보았을까? 가령 가슴 한가운데 검붉은 멍이 퍼져 있고, 팔목마다 퍼런 핏줄이 떠 있다면, 그들은 나를 안아주었을까? 혹은 더 멀리 물러났을까? 온몸이 붉게 부어오르고, 갈비뼈 사이마다 멍 자국이 보인다면, 누구도 "그 정도는 누구나 겪는 일이지!"라는 말을 쉽게 하진 못했을 것이다.

하지만 나의 고통이나 아픔은 피부 밖으로 드러나지 않았기에, 나는 멀쩡한 얼굴을 하고 살아야 했다. 그래서 더 고립되었고, 그래서 더 무너졌다. 그리고 누구도 나의 붕괴를 눈치채지 못했다. 하지만 내 안에서는 매일 작은 종말이 일어나고 있었다.

아침이면 손끝이 저리고 입안이 마른 채로 눈을 떴다. 기상은 시작이 아니라 추락이었다. 팔을 움직이는 데에도 숨이 찼고, 옷을 고르는 일조차 버거웠다. 세상은 너무 빠르고, 나는 너무 느렸다. 목덜미는 금속처럼 굳어 있었고, 눈동자는 초점을 잃었다.
"오늘도 나를 버티게 해야 한다."

이 말이 스스로에게 내려진 형벌처럼 느껴졌다. 침대 위에서 몸을 일으키기까지 십여 분을 이불 속에서만 버텼다. 혈액이 잘 돌지 않는 것처럼 팔과 다리는 쉽게 저려왔다. 눈꺼풀은 납덩이처럼 무거웠고, 어깨 위엔 누군가 올라탄 듯한 압박이 느껴졌다. 간밤의 꿈은 뿌옇고 무의미했고, 눈을 뜨자마자 마음속에서는 '오늘 하루를 또 어떻게 버텨야 하지?'라는 비명이 올라왔다.

욕실 거울 앞에 서면, 거기엔 낯선 여자가 보인다. 축 처진 어깨, 텅 빈 눈, 말라붙은 입술! 나는 나를 알아보지 못했다. 누군가 '이게 너야!'라고 말해주지 않았다면, 나는 그 얼굴을 스쳐 지나갔을 것이다. 눈 밑은 푸르게 꺼져 있었고, 입술은 갈라져 있었다. "저건 누구지?"라는 감각! 나를 알아보지 못한 채 그 자리에 서 있었다.

식사는 형식이었다. 입에 넣는 순간 메스꺼움이 올라왔고, 씹는 동작조차 귀찮게 느껴졌다. 음식은 넘기지 못했고, 위는 늘 얼음처럼 차가웠다. 무언가를 삼킬 때마다 생존이 아니라 의무처럼 느껴졌다. 살기 위해 먹는 것이 아니라, 죽지 않기 위해 연기하는 식사였다. 가장 괴로운 시간은 저녁이었다. 불을 끄고 방 안에 누우면, 하루 동안 억눌렀던 모든 감각이 쏟아졌다. 눈꺼풀을 감았는데도 세상이 너무 밝았다. 내 머릿속은 끝없이 말을 걸었고, 감정은 하나의 얼굴도 가지지 않은 채 뒤섞여 있었다. 이불 속에서 몸을 웅크리고 있어도, 나는 단 하나의 안도감도 얻지 못했다.

 엄마는 그런 나를 일으켜 병원을 찾아다니기 시작했다. 아마 모든 과는 다 돌아다녔을 것이다. 병원 대기실의 공기는 늘 무겁다. 희미한 소독약 냄새와 건조한 벽면, 벤치 위에 앉은 사람들의 굳은 표정! 나는 그 사이에 끼어 앉아, 죄인처럼, 마치 고장이 난 기계처럼 조용히 숨을 죽인다. 처음 병원을 찾았던 이유는 단순한 피로 때문이었다. 하지만 점차 두통은 가슴 통증으로, 피로는 무기력으로, 불면은 감정의 저림으로 번져갔다. 가슴 언저리는 누군가 안에서 주먹을 쥐고 있는 것처럼 조여왔다. 식사를 하면 속이 차오르듯 울렁였고, 복부는 늘 딱딱하게 굳어 있었다. 심장이 평소보다 빠르게, 그리고 불규칙하게 뛰기 시작하면 나는 언제나 서랍 속에 있던 종이봉투를 꺼내 들고 호흡을 조절하려 애썼다. 그 종이봉투는 나의 안전지대였고, 동시에 내가 비정상이라는 증표였다.

 종종 눈앞이 하얘지고 귀가 멍해질 때마다, 나는 자리에 주저앉았다. 길거리에서, 버스 안에서, 강의실 한가운데에서 숨이 막히고, 세상이 천천히 멀어지는 느낌은 공포로 다가왔다. 하지만 의사는 말했다.

"이상 없습니다."

위내시경, 심전도, 혈액 검사, MRI… 아무리 정밀한 장비가 나를 들여다보아도, '보이지 않는 병'은 끝내 포착되지 않았다.

나는 점점 조용해졌다. 통증을 호소하지 않기로 했다. 말하지 않으면 실망도, 의심도 받지 않을 수 있으니까! 대신 나는 기록하기 시작했다. 언제, 어디서, 무엇을 하고 있을 때 몸이 경고를 보내는지를 공책에 적어두었다. 일기처럼, 진단서처럼 스스로를 증명하기 위한 유일한 방법이었다. 하지만 페이지가 늘어날수록 나는 더 깊이 가라앉았다. 감정이 곪아 터진 자리에 생긴 건, 설명되지 않는 신체 증상들이었다.

작은 불편들이 파도처럼 덮쳐와 일상 전체를 무너뜨렸다. 세상은 여전히 그대로인데, 나만 달라져 있었다. 누가 불을 끈 것도 아닌데, 내 안의 조명이 하나씩 꺼지는 기분이었다. 나는 병의 이름이 아니라, 병을 겪는 사람의 시선으로 살아가고 있었다. 이해받지 못한 시간은 외로웠고, 반복되는 검사와 무기력한 진단은 점점 나를 무력하게 만들었다. 무기력은 증상이 아니라, 내가 이 세상과 맺은 불신의 감정이었다. 나는 치료받지 못한 환자였고, 동시에 나 자신을 의심하는 관찰자였다.

아무 일도 일어나지 않는 순간이 가장 위험했다. 가만히 있는 것이 가장 고통스러웠다. 텅 빈 방 안에서, 창밖을 바라보는 일조차 고통이었다. 저기 흐르는 사람들, 버스에 오른 누군가, 손을 흔드는 누군가, 그들은 모두 아무 일 없이 살아가는 것처럼 보였다. 그 평범함이 나에겐 가장 멀고 잔인한 풍경이었다. 나는 아무것도 할 수 없었다. 책을 펴면 글씨가 흐릿했고, 휴대폰을 잡으면 손목이 저렸다. 메시지를 읽고도 대답하지 못했고, 전화를 받고도 말을 잊었다. 뇌는 무겁고, 말은 둔하고, 몸은 내 것이 아니었다.

생각은 날마다 흐려졌다. 어떤 날은 내가 어제 무슨 말을 했는지, 무슨 옷을 입었는지도 기억나지 않았다. 시간을 인식하는 능력도 흔들렸다. 오후 두 시에 일어난 적도 있고, 아침에 일어났다가 다시 잠들어 밤이 된 적도 있었다. 주말과 평일의 경계는 사라졌고, 나와 세상의 경계도 무뎌졌다. 현실감이 떨어진다는 표현이 무엇인지, 이제는 알 것 같았다. 내 손에 쥔 컵이 이질감으로 다가왔고, 내 목소리가 낯설었다. 나는 어디에 있는지도 확신할 수 없었다. 이곳이 나의 삶인지, 아니면 어디선가 잠깐 빌려온 세계인지 모를 정도였다. 나만 그 밖에서 떨어져 있었다. 나는 고립된 사람이 아니라, 세상에서 밀려난 사람이었다.

그 시기의 나는 가족 안에서도 혼자였다. 말수가 줄고 표정이 사라지자, 엄마는 내게 "아무 이상이 없다는데 도대체 왜 그러냐?"라고 답답해했다. 아빠는 내가 집에서 하루 종일 누워 있는 것을 보고도 포기했는지 아무 말이 없었다. '지켜보는 것'과 '이해하는 것' 사이의 거리는 생각보다 멀었다. 나는 그 둘 사이 어디쯤 방치되어 있었다. 말하지 않으면 아무도 모른다는 걸 알면서도, 말하는 일조차 버거웠다. 식구들이 대화를 나누는 사이, 나는 나지막한 웅성거림 속에 파묻혀 있었다.

엄마는 가끔 나를 노려보다시피 바라보며 말했다.
"네가 그렇게 처져 있으니까 집 분위기도 가라앉잖아."
그 말이 나를 더 깊이 침묵 속으로 밀어 넣었다. 나는 방으로 들어가 이불을 뒤집어썼다. 방 안 공기는 눅눅했고, 눈물은 나오지 않았지만 눈시울은 늘 뻐근했다.

하루는 동생이 말했다.
"누날 이해할 수 없어."

그 말은 비수가 되어 가슴을 찔렀다. 가족에게조차 이해되지 않는 아픔과 고통! 그것은 내게 죄책감으로 돌아왔다. 나는 누워 있는 나를 나무랐고, 일어나는 나를 또 질책했다. 무기력은 습관이 되었고, 자책은 체온처럼 내 안에 고였다.

친구들에게 연락이 왔지만, 답장을 쓰지 못했다. "잘 지내?"라는 메시지가 공포처럼 느껴졌다. 잘 지내지 않는다는 걸 어떻게 말해야 할지 몰랐고, 잘 지낸다고 말하는 건 거짓처럼 느껴졌다. 그 애매함 사이에서 나는 아무 말도 하지 않게 되었고, 결국 나를 찾는 메시지도 줄어들었다. 대화창은 조용해졌고, 나도 마침내 아무것도 묻지 않는 사람이 되었다. 내가 이상해졌다고 생각할까봐, 무능하다고 판단할까봐, 그 두려움은 내 입을 굳게 닫게 했다. 늘 적극적인 태도를 보이려 애썼고, 대화창에 이모티콘을 붙이며 안부를 물었다. 하지만 모든 말과 글에는 감정이 없었고, 나는 점점 내가 만든 가면 속에서 미끄러지고 있었다.

"아무 이상이 없습니다."
의사의 판결은 나를 너무 허무하게 했다. 더 이상 엄마의 지지도 받지 못했다. 그래서 더 고독했다. 아프다고 말해도 모두는 "그럴 때도 있지!", "요즘 다 그래!"라는 말로 덮었다.

그러나 나는 분명히 아팠다. 죽고 싶을 만큼! 나는 내 몸의 모든 세포가 스스로를 버리려는 걸 느꼈다. 살아있는 것이 아니라, 버텨지는 존재! 내 심장이 뛰는 건 생명이 아니라 습관 같았고, 내 눈이 깨어 있는 건 잠들 수 없는 고통 때문이었다.

어느 날 이런 상상을 했다. 내 고통이 색이었다면, 내 몸은 어떤 빛으로 채워졌을까? 아마 칠흑 같은 검정과, 멍든 보라와, 피 묻은 붉은색이 마구 뒤섞여 있지 않았을까? 그때 알게 되었다. 실비아 플라스의 말처럼, 고통이 눈에 보이지 않기에 세상은 나를 이해할 수 없었던 것이다. 이해는 '보는 것'에서 시작되는데, 나는 보이지 않는 곳에서 계속 아팠다. 나는 그 그림자 속에서 서서히, 그러나 분명하게 부서지고 있었다.

나는 점점 '멀쩡한 사람'의 껍데기를 쓰고 살아갔다. 거울 앞에서는 눈썹을 그리고, 바깥에서는 웃으며 인사했다. 그러나 그 모든 행동은 연기였다. 스스로가 짠 무대 위에서 배역에 충실한 배우처럼, 나는 일상이라는 극을 살아냈다. 퇴장하면 나는 쓰러졌고, 막이 오르면 다시 웃었다. 어느 날, 누군가의 농담에 나도 따라 웃다가 문득 눈물이 터질 뻔한 적이 있었다. 그 순간, 나의 '껍데기'는 금이 갈 뻔했다. 사람들은 내 밝음을 보며 "넌 참 씩씩해!"라고 말했다. 그 말은 가장 큰 오해였다. 나는 이미 무너지고 있었고, 단지 그 잔해를 안고 웃고 있었을 뿐이었다.

내 안의 고통은 얼굴 없는 괴물 같았다. 형태도, 색도 없지만, 분명히 존재하는 무게! 그것이 나를 눌렀고, 말라가게 했다. 나는 매일 상상했다. 이 고통이 색이라면? 몸 위에 물들어 있다면? 가슴에 짙은 보라색 멍처럼 드러났다면? 그때야 사람들은 나를 이해해 줄까? 그 물음은 늘 침묵으로 되돌아왔고, 나는 더욱 내 안으로 침잠했다. 보이지 않는다는 것은 치명적이다. 고통은 감춰질수록 더 날카로워졌고, 나는 그 고통 속에서 스스로를 혐오하기 시작했다. 고통이 곧 나의 정체성이 되었고, 나는 고통 없는 나를 상상할 수 없게 되었다.

나는 바람이 불면 흔들리는 갈대 같았다. 어느 겨울 저녁, 횡단보도 앞에 섰는데 칼바람이 볼을 때리는 순간 너무 서러워 눈물이 났다. 그저 서 있기만 했을 뿐인데, 내가 얼마나 무너져 있었는지 그때 처음 실감했다. 그러나 아무도 나의 흔들림을 보지 못했다. 나는 내 안에서 조용히, 그러나 끊임없이 무너지고 있었다. 그리고 그 무너짐을 아무도 몰랐기에, 나는 점점 투명해졌다. 세상에서 사라지기보다는, '보이지 않게' 살아가는 사람이 되어갔다.

어느 날은 스스로가 유리벽 안에 갇혀 있는 듯한 기분이 들었다. 모든 것이 선명하게 보이지만, 아무것도 닿지 않았다. 나는 그 벽 안에서 조용히 손을 흔들었고, 세상은 아무도 그 손짓을 알아채지 못했다. 이 모든 풍경은 내 안에만 존재했다. 바깥에서 보면 나는 여전히 잘 씻고, 출근하고, 인사도 하고, 커피도 마셨다. 겉보기엔 아무 문제가 없었다. 그러나 그 모든 행동은 연극이었다. 무대 위에 선 배우처럼, 정해진 동선과 대사를 반복할 뿐이었다. 진짜 나는, 그 무대 뒤 어딘가에서 조용히 숨 쉬고 있었다.

지금 돌아보면, 이것이야말로 마음이 아픈 분명한 증상이었고, 도움을 요청해야 할 신호였다. 하지만 그때는 몰랐다. 병이라는 단어조차 떠올리지 못했고, 단지 내가 더 나약하고 이상한 사람이라 믿었다. 세상이 버거웠고, 사람들과의 관계가 피곤했고, 내 감정이 믿기지 않았다. 내 안의 파도는 계속 출렁이고 있었지만, 나는 그것이 바다라는 사실도 모른 채 익사 직전의 하루하루를 버티고 있었던 것이다. 언젠가는 바닷속 깊은 곳으로 사라지기를 바라면서도, 누군가 발견해 주기를 바라는 마음으로!

이젠 말할 수 있다. 그건 병이었다. 존재하되 보이지 않았고, 아프되 설명되지 않았던 병! 그리고 나는 그 병을 견딘 사람이 아니라, 그 안에서 살아낸 사람이다. 오늘도 누군가의 심장이 이유 없이 빠르게 뛰고 있다면, 그건 당신 잘못이 아니다. 누군가가 이유 없는 울렁임과 식은땀, 통증에 귀 기울이지 않는다면, 이 글이 그 말을 대신해 주기를 바란다. 나는 병을 지나온 사람이 아니라, 지금도 그 기억을 가만히 꺼내어 바라보는 사람이다. 한 장면, 한 고통, 한 사람! 당신이 그 장면 속 어딘가에서 나와 마주치기를, 그리고 우리가 서로의 침묵을 이해할 수 있기를 말이다.

05
우리는 모두 병들어 있다

"모든 인간은 병들어 있다는 사실을 받아들일 수 있을 때, 비로소 치유가 시작된다(The acceptance that every human being is sick is the beginning of healing) - 칼 구스타프 융(Carl Gustav Jung)"

병원에 처음 발을 디뎠던 그날의 기억은 지금도 가슴 한가운데에 잔잔하게 남아 있다. 그것은 용기라기보다는 절박함에 가까웠다. 나를 짓눌러오던 무게는 더 이상 감당할 수 없을 정도로 무거워졌고, 도망칠 수 있는 길도 보이지 않았다. 마치 한겨울의 얼어붙은 강 위를 걷고 있는 듯한 날들이었다.

균열이 생긴 마음은 어디서든 쉽게 깨질 수 있었고, 나는 조용히, 그러나 확실히 무너지고 있었다. 그 무너짐의 끝에서, 나는 병원이라는 문 앞에 다다랐다. 마치 그 문이 내 유일한 피난처인 양! 나는 마지막 피신처를 찾은 사람처럼, 문 앞에서 한참을 서성이며 숨을 고르고 있었다.

  나는 한참 동안 움직이지 못했다. 병원의 유리문은 자동으로 열리고 닫히기를 반복하고 있었지만, 나는 문턱에 그림자처럼 붙어 있었다. 발바닥은 바닥에 붙은 듯했고, 심장은 팔꿈치에까지 울릴 만큼 요동쳤다. 숨은 쉬고 있었지만, 내가 살아있다는 실감은 들지 않았다. 이곳이 나의 마지막 장소일지도 모른다는 두려움이 있었다. 동시에, 이 문 너머에 나를 구할 무엇이 있을지도 모른다는 기대도 있었다. 그러나 그 어떤 감정도 나를 미끄러져 들어가지 못하게 막고 있었다. 몇 번이고 돌아섰다가 다시 돌아오기를 반복했고, 손끝은 문 손잡이 앞에서 떨렸다.
  '이 문을 열면, 나는 더 이상 괜찮은 사람이 아닐 거야.'
  그렇게 생각했던 것 같다. 그 말은 틀렸지만, 당시의 나는 그 틀림마저도 안을 수 없었다.

  며칠 전, 내 증상에 대해 한참을 듣고 있던 의사는, 차트를 덮으며 조심스럽게 입을 열었다.

"신체검사 결과로는 큰 이상이 없습니다. 혹시, 정신건강의학과 상담을 받아보시는 건 어떨까요?"

그 말은 엄마에게도 나에게도 큰 충격이었다. 나는 그동안 육체의 문제라고만 믿어왔던 고통이 마음에서 비롯되었을지도 모른다는 사실을 처음으로 마주했다. 그 순간, 내 얼굴이 일그러지는 것을 나도 모르게 느꼈다. 의사는 말끝을 흐리며 덧붙였다.

"그게 결코 이상한 일이 아니에요. 마음의 통증도 몸을 통해 표현되곤 하니까요."

하지만 그 따뜻한 말조차, 당시의 내게는 자존심을 찌르는 칼끝처럼 날카로웠다. 그날 저녁, 나는 그 이야기를 조심스럽게 엄마에게 꺼냈다. 엄마는 단호하게 말했다.

"정신과? 너 지금 미쳤다는 소리야?"

그 말은 벼랑 끝에서 내 손을 끌어내리던 말이 아니라, 더 깊은 수렁으로 나를 밀어 넣는 말이었다. 가족 안에서조차 나의 고통은 설명되지 않았고, 오히려 회피되거나 왜곡되었다. 아빠는 말이 없었고, 동생은 나를 이해하지 못했다. 나는 가족 안에서 점점 침묵의 벽을 쌓았고, 그 안에서 점점 말라갔다.

"힘들면 그냥 여행이라도 갔다 와."

"그냥 운동 좀 해. 네가 너무 예민해서 그래."

"요즘 다들 우울해. 너만 그런 거 아니야."

그 말들은 차가운 돌들이었다. 나는 그 돌들을 하나씩 품고 버텼다. 그리고 어느 날, 더는 품을 수 없게 되었을 때, 나는 병원 앞에 다시 섰다.

문을 열기 직전, 나는 숨을 멈췄다. 온몸의 감각이 예민하게 곤두섰고, 손끝이 싸늘하게 식어갔다. 발끝까지 긴장이 내려앉아 있었고, 턱은 무의식중에 굳게 다물려 있었다. 나는 마지막으로 생각했다.

'여기까지 온 내가 이상한 걸까? 아니면 이제야 제대로 나를 돌보는 걸까?'

내 안의 두 목소리가 충돌했다. 하나는 수치심이었고, 다른 하나는 생존이었다. 그리고 나는 후자의 손을 잡았다. 살아남기 위해, 나는 처음으로 '나 자신'에게로 걸어 들어갔다. 그 몇 걸음은 내 인생에서 가장 무겁고도 의미 있는 발걸음이었을 것이다. 무릎이 휘청일 만큼 긴장감이 온몸을 조여왔고, 발바닥은 바닥에 닿으면서도 중심을 잃은 듯 흔들렸다. 그것은 누군가에게는 짧은 동선일지 몰라도, 내게는 나의 전체를 뒤흔드는 여정이었다.

병원 안은 생각보다 조용했다. 복도는 청결했고, 벽에는 자연 풍경 사진들이 걸려 있었다. 그 평온한 분위기가 오히려 불안하게 느껴졌다. 공기마저 차분했지만, 내 숨결은 얕고 빠르게 흐르고 있었다. 사람들은 침묵했고, 나 역시 그 침묵의 일부가 되어 소파에 앉았다. 손에 쥔 번호표는 얇은 종이였지만, 그 무게는 말로 다할 수 없었다. 시선은 내 손바닥과 무릎 사이를 맴돌았고, 아무런 소리도 나지 않는 공간 속에서 나는 내 호흡이 유일한 존재의 증거처럼 느껴졌다. 마치 나라는 사람이 이 풍경에 스며들어 사라지기를 기다리는 듯했다. 나는 더 이상 '정상'이라는 사회적 가면을 쓸 수 없었고, 그 가면을 벗기 위해선 '병들었다는 사실'을 인정해야만 했다.

진료실에 들어간 순간, 나는 내가 어떤 표정을 지었는지 기억나지 않는다. 아마 표정이 없었을 것이다. 손에는 번호표를 쥐고 있었고, 이름이 불리는 순간, 무의식적으로 몸이 먼저 움직였다. 진료실은 생각보다 환하고 고요했다. 책상 위에는 작은 모래시계, 녹음기, 휴지 상자, 그리고 따뜻한 색감의 간접 조명이 있었다. 의사는 웃지 않았지만, 눈빛은 말없이 나를 받아주었다.
"어떤 점이 힘드셨어요?"
첫 질문이었다. 짧고 단순했지만, 그 질문 앞에서 나는 할 말을 찾지 못했다. 목이 말라왔고, 손이 떨렸다. 입을 열기까지 한참이 걸렸다.

"그냥… 살아있는 게 힘들어요."

나는 무너지지 않기 위해 목에 힘을 주었다. 내 존재 전체가 한 줄기 말에 의지하고 있는 듯했다. 나는 내 안에 숨겨 두었던 단어들을 조금씩 꺼냈다.

'무기력'

'불면'

'울지 못하는 슬픔'

'생의 의지 없음…'

나는 그것들을 말로 꺼내며 하나씩 손 위에 올려놓았다. 의사는 그 손 위에 아무 말 없이 손을 얹는 듯한 눈빛을 보냈다. 어떤 분석도 판단도 없이, 그저 듣고 있다는 태도! 나는 그게 너무 낯설고 따뜻했다.

"최근 수면은 어떠세요?"

"식사는 하시나요?"

"무엇이 가장 힘드셨나요?"

나는 그의 질문에 조용히 답했다.

"아무것도 느껴지지 않아요."

간신히 뱉은 이 말은 허공을 돌아 메아리치며 내 가슴에 와 앉는다. 비로소 나는 아프다는 사실을 받아들인 것이다. 그 수용은 마치 무거운 돌문을 여는 열쇠 같았고, 내 마음의 빗

장을 열어주었다. 눈에 보이지 않던 문 하나가 조용히 열리는 순간이었다. 내 안에서 묵직한 소리가 울렸다. 오래도록 굳게 잠긴 문이 천천히 열리는 듯한 감각이었다. 문 너머로 어렴풋이 빛이 스며들었고, 그 빛은 조용하지만 빠르게 마음의 벽을 타고 흘러내렸다.

문 너머에는, 잊고 있었던 어린 나와, 원인 모를 고통에 숨죽여 울던 또 다른 내가 보였다. 나는 얼마나 오래도록 내 안에 갇혀 있었는지를 그제야 실감했다. 고통을 인정한다는 것, 병임을 인지한다는 것은 잃어버린 나를 찾는 과정이었다. 그 이후부터 조금씩, 아주 조금씩 나는 살아나기 시작했다.

내가 지난 시간 동안 보낸 불면의 밤들, 끊임없는 두통, 이유 없는 눈물, 감정의 공백! 그 모든 것들이 하나의 선으로 이어지는 듯했다. 조각조각 단절된 기억들이 실타래처럼 감기기 시작했고, 그 기억들은 다시 나에게 손을 내밀었다. 나는 그에게 말했다.
"가끔 내가 사라지고 있는 것 같아요."
의사는 조용히 고개를 끄덕이며 말했다.
"그래도 지금 여기 계시잖아요. 그게 가장 중요한 걸음이에요."

그 말은 내 안의 부서진 나를 조용히 다독였다. 그 순간, 나는 처음으로 내가 사라지지 않았음을 믿을 수 있었다. 상담실의 공기마저 다르게 느껴졌다. 조용히 흐르던 시계의 초침, 종이 위에 적히는 사그작 소리, 나를 바라보는 눈빛 하나까지도 모두 감정의 파동으로 다가왔다.

그날, 나는 병원에 단순히 '갔다 온 것'이 아니었다. 나는 나의 병을 '인정하고' 나왔다. 그동안 외면했던 고통을 마주한 시간은 고통스럽지만 묘하게 편안했다. 오랜 시간 나를 조용히 무너뜨렸던 것은, 단지 병이 아니라 그 병을 몰랐던 나의 무지였다는 사실을 처음으로 받아들일 수 있었다. 병은 몸과 마음을 병들게 했지만, 더 깊은 곳에서는 그것을 받아들이지 못한 '부정'이 가장 큰 상처였다는 걸 말이다.

나는 이제 스스로의 병을 말할 수 있게 되었다.
"나는 불안해요."
그렇게 말할 때마다 가슴 안쪽이 얼음처럼 시렸다. 손끝이 찬 기운을 머금은 듯 떨렸고, 눈은 바닥을 향한 채 움직이지 않았다.
"나는 무력감을 느껴요."
이 고백을 할 때는 마치 몸 안의 모든 근육이 풀린 듯한 무중력 상태에 빠졌다. 침대에 누워 있던 지난 아침들, 어떤 이유로도 몸을 일으킬 수 없었던 시간들이 뇌리를 스쳤다.

"나는 잘 웃지도 울지도 못해요."

그 말은 메마른 감정의 강을 건너는 듯한 느낌을 줬다. 웃음도 울음도 나를 떠났고, 감정은 무채색의 스펙트럼 속에서 사라진 듯했다. 그 고백들이 처음엔 두려웠지만, 말하는 순간마다 조금씩 고통이 내 몸 바깥으로 빠져나가는 느낌이 들었다. 입술에서 떨어진 문장은 허공에 닿기도 전에 무게를 덜어냈고, 나는 한마디 한마디를 통해 내 안에 머물던 고통을 외부로 흘려보낼 수 있었다.

고통은 이름을 붙일 수 있을 때 비로소 형태를 갖는다. 그리고 형태를 갖는다는 건, 언젠가는 그것을 마주하고 다룰 수 있다는 희망이 있다는 뜻이다. 병의 이름을 아는 것! 증상을 설명할 수 있다는 것! 그것이야말로 치유의 첫 출발점이었다. 나는 내 안의 혼돈을 질서로 바꾸기 위한 가장 중요한 걸음을 내디딘 셈이었다. 인정은 나를 파괴할 수 있는 도구가 아니라, 나를 복원하는 열쇠라는 걸 알게 되었다.

집으로 돌아오는 길, 나는 병원 앞 벤치에 잠시 앉았다. 왠지 집으로 바로 돌아가고 싶지 않았다. 햇살은 적당히 따뜻했고, 지나가는 사람들은 모두 제 갈 길을 가고 있었다. 불과 며칠 전만 해도 나는 사람들 사이를 피해 걷고, 낯선 시선이 스치는 골목을 피해 먼 길을 돌아가던 사람이었다. 하지만 지금, 나는 벤치에 앉아 있는 내 모습을 어색하지 않게 받아들일 수 있었다. 나는 그 벤치에 앉아 나도 모르게 중얼거렸다.

"나도 괜찮아질 수 있을까?"

이 물음은 희망이라는 이름으로 내 안에 남았다. 마치 어둠 속에서 켜진 조그마한 촛불 같았다. 빛이 환하지 않아도, 그 존재만으로도 주변을 바꾸기에 충분했다. 마음의 중심이 약간은 따뜻해졌고, 가슴 깊은 곳에서 아주 미세한 진동이 일어났다. 그것은 변화의 첫 떨림이었다.

그 이후로도 나는 종종 희망과 동시에 찾아오는 수많은 의심과 후회를 겪었다. 내가 정말 병든 사람인지, 아니면 단지 게으른 사람인지 혼란스러울 때도 있었다. 하지만 상담실에서 내뱉은 한마디 한마디를 기억하며 내 안에 숨어 있던 나를 꺼내었다. 나는 스스로를 이해하려 애썼고, 그 애씀 속에서 조금씩 나를 다시 믿게 되었다. 마음이 아프다는 사실을 받아들인다는 건, 자기 존재를 있는 그대로 껴안는 일이었다. 그것은 상처 난 자리를 지우려는 것이 아니라, 상처와 함께 살아가는 법을 배우는 일이었다. 나는 나의 부서진 면들을 외면하지 않기로 했다. 그것은 완전하지 않아도 괜찮다는, 내 삶을 향한 새롭고도 조용한 수긍이었다.

칼 융의 말처럼, 우리는 모두 병들어 있다. 그리고 그것을 받아들이는 순간, 치유는 시작된다. 나도 그 문턱을 넘어왔다. 치유는 완벽한 상태를 회복하는 것이 아니라, 병든 자신을 부끄러워하지 않고 인정하는 데서 시작된다는 것을 이제는 안다. 나는 지금도 여전히 흔들리지만, 병든 나를 부정하지 않는다. 내 안의 어둠을 피하지 않고, 그것과 함께 살아가는 법을 배워가는 중이다.

병들어 있다는 사실을 받아들이는 그 용기가, 내가 다시 걸음을 내딛게 한 시작이었다. 나는 그 첫걸음을 내디뎠고, 그것은 나의 가장 용기 있는 선택이었다. 어쩌면 그것은, 얼어붙은 강 위를 조심스레 걷던 내게 처음으로 건넨 따뜻한 손이었는지도 모른다. 흐릿한 사진처럼 겹겹이 쌓여 있던 고통 속에서도, 나는 결국 다시 초점을 맞추기 시작했다.

지금을 살아가는 당신의 이야기…
나는 말하고 싶다. 당신의 이야기도 언젠가
누군가에게 빛이 될 수 있다고!

다리가 어디까지 이어져 있을지는 아직 모르지만,
나는 그 위를 천천히, 그리고 조심스럽게 건너고 있다.

제2부.
치유라는 이름의 빛

01
괜찮아,
아직 낯설 뿐이야

"회복은 직선이 아니야. 그것은 미로이고, 종종 같은 자리를 돌아 나와야 하지(Healing is not a straight line. It's a maze, and you often have to retrace your steps) - 브레네 브라운(Brené Brown)"

의사와의 상담을 마치고 약봉투를 처음 받아들자, 알 수 없는 감정에 사로잡혔다. 상담하는 동안 가졌던 희망과 기대는 약을 보는 순간 공포로 다가왔다. 나는 가만히 손끝에 전해지는 약이라는 무게감을 느껴본다. 가벼운 종이봉투 안에 담긴 알약 몇 알! 이 안에는 내 모든 불확실한 미래가 들어 있다. 누군가는 그것을 '희망'이라 불렀고, 또 누군가는 '굴복'이라 말하겠지.

나는 요동치는 마음을 그대로 부딪치며 집으로 돌아왔다. 그리고 나는 약봉투를 손에 쥔 채 소파에 잠시 앉아 있었다. 엄마가 그런 나를 조용히 바라보았다. 속상함인지, 부끄러움인지 알 수 없는 엄마의 표정! 나는 그 표정을 바라보기가 무서워 애써 외면했다. 그 짧은 시간 안에 수많은 감정이 오고 갔다. 망설임과 마음속 저항이 있었고, 그리고 왠지 모를 수치심이 스며들어 있었다. 그리고 내 손에 들린 내 삶! 손끝으로 전해지는 알약들! 마치 낭떠러지에서 잡은 나뭇가지처럼 놓을 수도, 포기할 수도 없는 생명줄이었다.

정수기에서 물 한 컵을 받고 약을 꺼냈다. 손끝이 떨렸고, 심장은 가볍게 쿵쿵거렸다. 삼키는 이 한 알이 나를 어디로 데려갈지 알 수 없었다. 마치 정갈한 의식을 치르듯 천천히 약을 먹는 나의 행동은, 나를 인정하는 고백처럼 느껴졌다. 나는 아프고, 혼자 힘으로는 이겨낼 수 없으며, 도움 없이는 살기 어렵다는 것을 고백하는 일!

그 작은 약이 내 입안을 타고 들어가는 순간, 내 안에 조용한 무너짐이 일어났다. 나는 그 무너짐을 인정하지 않으려 애썼지만, 약의 존재감은 너무도 또렷하게 내 안에 스며들었다. 내 혀끝에 남은 쓴맛은 내가 지나야 할 길의 시작이었다.

30분쯤 지나자 몸에서 변화가 느껴졌다. 명확하게 설명할 수는 없지만, 등 뒤에 늘 붙어 있던 무언가가 서서히 떨어져 나가는 감각이었다. 가슴이 평소보다 가벼웠고, 눈에 보이지 않던 안개가 조금씩 걷히는 것 같았다. 처음 겪는 감각! 그것은 편안함보다는 기묘함에 가까웠다. 너무 낯설어서, 나는 웃었고, 곧 울었다. 감정이 미친 듯이 치솟았다가 갑자기 꺼지는 파열처럼, 내가 감당하지 못할 무엇이 몰려왔다. 이 감정은 내 것인가? 아니면 약이 만들어낸 감정일까? 그런 생각들이 머릿속을 맴돌았고, 나는 나 자신을 의심하기 시작했다.

내가 느낀 해방감은, 처음엔 위로도, 환희도 아닌 낯선 감정이었다. 마치 늘 주먹 쥐고 있던 손을 풀었을 때의 허전함처럼, 혹은 소음 속에 갇혀 있다가 갑자기 정적이 찾아왔을 때의 불안처럼! 고통은 나의 일상이었고, 나의 언어였으며, 심지어는 나의 정체성이기도 했다. 오랫동안 품고 있던 통증이 사라졌을 때, 나는 자유로움을 느끼기보다 방향을 잃은 듯했다.
'이제 나는 누굴까?'
그런 질문이 나를 휘감았다.

아프지 않다는 것은 나에게 너무 낯선 일이었다. 평온함은 익숙하지 않았고, 그래서 기쁘지 않았다. 오히려 낯선 방에 홀로 남겨진 아이처럼, 낯선 감정 속에서 나는 더 작아졌다. 고통이 있을 땐 그것을 핑계 삼아 버틸 수 있었지만, 고요는 그 어떤 방어도 허락하지 않았다. 침묵과 같은 이 안정은 환영이 아니라 어떤 면에선 공포였다. 내가 느끼는 이 고요함은 진짜 나의 일부일까? 아니면 약이 만든 허상일까? 회복이라는 이름 아래, 나는 내가 아닌 무언가로 변해버린 건 아닐까?

그러나 바로 그 불안이, 결국 회복의 문을 열어주는 열쇠였다는 것을 나중에서야 알게 되었다. 흔들리며 나는 내 안의 구조를 다시 점검했고, 조심스레 자신에게 말을 걸기 시작했다.
"지금 이 감정도 나야. 괜찮아, 아직 낯설 뿐이야."
고통이 사라졌다고 해서 나까지 사라진 건 아니었다. 나는 단지, 새로운 나를 배우고 있었을 뿐이다.

약을 먹은 후 며칠 동안은 잠이 왔다. 그것만으로도 축복 같았다. 깊게, 오래 자고 난 다음날, 나는 나를 조금 덜 미워하게 되었다. 아침을 먹고, 창문을 열고, 웃을 수 있게 된 일상이 기적처럼 느껴졌다. 약은 나를 바꾸지 않았지만, 나를 다시 '시도'하게 만들었다.

한편 나는 약이 무섭기도 했다. 중독, 의존, 자기 자신을 잃는다는 공포! 약을 먹은 후 감정이 인위적으로 조정되는 느낌이 들 때, 내 진짜 목소리가 점점 희미해지는 것 같았고, 기쁨이나 슬픔조차 명확하게 느껴지지 않아 타인과의 거리감이 더 벌어지는 듯했다. 누군가의 위로도, 비난도 같은 깊이로 다가오지 않았다. 그것은 마치 감정이 흐르는 강 위에 유리벽을 세운 듯한 고립감이었다. 하지만 더 무서운 건, 아무것도 하지 않고 그대로 주저앉는 나였다. 약은 내 안의 목소리 중 가장 조용하지만 가장 끈질긴 생존의 목소리를 지켜주는 힘이었다.

나는 약을 먹은 후의 변화에 따라가지 못했고, 감정은 하루 늦은 편지처럼 뒤늦게 도착했다. 무기력이나 피로는 사라졌지만, 그 자리를 차지한 건 희미한 무감각이었다. 마치 짙은 안개 속을 걷는 것처럼, 방향도 감각도 없는 걸음이었다. 살아서 뛰는 모든 감각이 낯설었다. 평소에는 느낌이 없던 소리가 귓가를 때렸고, 햇빛은 눈꺼풀을 뚫고 들어오는 것처럼 강렬하게 느껴졌다. 잠들어 있던 머리는 시동이 걸린 채 나아가지 못하는 자동차의 엔진처럼 웅웅거리고, 말소리는 번역되지 않은 외국어처럼 들렸고, 사람의 표정은 지나치게 생생해서 오히려 무의미하게 느껴졌다.

"요즘 좀 괜찮아 보여."

　주변 사람들의 말에 어찌해야 할지 나의 변화가 낯설긴 마찬가지였다. 감정을 표현하는 법도, 받아들이는 법도 낯설었기 때문이다. 누군가가 다정하게 웃을 때면, 그 웃음이 벅찼고, 누구의 눈길조차도 나를 비추는 스포트라이트처럼 부담스러웠다. 손끝에 스치는 공기의 온도, 물이 입술에 닿는 느낌조차 과장되게 다가왔다. 감각이 또렷해질수록, 나는 더 쉽게 지쳐갔다.

　예민해진 신경은 마치 벗겨진 전선처럼 외부 자극을 그대로 받아들이고 있었고, 작은 소음 하나에도 마음이 흠칫거렸다. 익숙해야 할 것들이 낯설게 변해 있었다. 그 생생함은 기쁨이 아닌 또 다른 피로였다. 마치 해가 머리 위에서 내리쬐는 시간 속에서, 내가 드리우는 그림자마저 선명하게 부각되는 기분! 그 모든 감각이 하나같이 나를 향해 몰려오는 것 같았다. 존재 자체가 과잉된 것처럼, 나는 내 안에 갇혀 내 외형을 지켜보는 기분이었다.

　나는 내 감정과 신체의 변화가 무엇을 의미하는지 알아보기로 했다. 컴퓨터를 켜고 검색을 하고, 비슷한 경험을 한 사람들의 글도 보았다. 그들의 이야기 속에서 나는 동지애를 느졌고, 적어도 나 혼자만 이런 감정을 겪는 것이 아니라는 사실이 버팀목이 되어주었다. 어떤 이는 "약을 먹고 울음이 멈췄다. 그런데 그게 무서웠다"고 했다. 또 다른 이는 "웃음이 돌아왔지만, 그 웃음이 진짜 내 것인지 몰라 불안했다"고 했다. 나는 그들의 고백을 읽으며, 나에게 일어나는 이 낯선 변화들을 이해하고 싶었다. 검색창에 하나하나 증상을 입력해보기 시작했다.

'감정이 사라지는 기분'
'정신과 약 복용 후 웃음'
'회복 중 느끼는 공허함'

검색 결과는 생각보다 많았고, 그 안엔 내가 미처 말로 표현하지 못한 감정들이 있었다.

나는 나의 경험과 겹쳐지는 부분에서 자주 멈춰 섰다. 어느 날은 분명히 슬퍼야 할 장면에서도 눈물이 나지 않았고, 마음속 감정은 어느 한 구석에서 막혀 있는 듯했다. 어떤 날은 갑작스레 가슴이 먹먹해졌지만, 그 이유를 짚어내지 못했다. 감정은 뿌연 유리창 너머에서 일어나는 일처럼 멀게 느껴졌다.

실제로 감정이 평탄해지는 과정에서 '무감동 상태'(emotional blunting)가 나타날 수 있다는 전문가의 설명이 있었다. 세로토닌 조절계 약물의 영향으로 뇌의 감정회로가 일시적으로 둔화되는 것, 또는 자율신경계의 반응 속도 자체가 줄어드는 현상이었다. 그런 내용을 접할수록, 나는 내가 고장 난 것이 아니라 치유해 나가는 과정임을 알게 되었다. 마음의 퍼즐 조각 하나하나를 맞추듯, 나는 나의 감정과 신체의 언어를 이해하며 다시 구성하는 법을 배우고 있었다. 나의 변화는 이상한 것이 아니라, 회복이라는 길 위에서 일어나는 과정이라는 것을 나는 점점 받아들이고 있었다.

우리는 모두 회복이 고통보다 두려울 수 있다는 사실을 알고 있다. 평온이란, 고통보다도 낯설 수 있다는 것을! 그리고 그런 이해의 조각을 하나씩 모아갈수록, 나는 나의 병을 외면하는 것이 아니라 응시하고 있다는 확신을 가질 수 있었다. 그렇기에 회복은 직선이 아니다. 그것은 미로였고, 나는 헤맴을 반복하다 제자리로 돌아왔다. 그 반복 속에서 나는 점점 나를 이해하게 되었다. 그 길은 완벽하지 않았고, 아직도 나는 흔들리지만, 적어도 걸음을 멈추지 않았다. 되돌아가는 것처럼 보여도, 분명히 나는 어느 방향으로든 나아가고 있었다. 내가 그 미로 속을 맴도는 한이 있더라도, 적어도 나는 그 안에 존재하며, 언젠가는 그 미로의 구조를 내 언어로 설명할 수 있게 될 것이라는 막연한 희망도 내 안에 피어났다.

나는 지금도 그 미로를 헤매인다. 그러나 이전보다 덜 무섭다. 한 걸음씩, 방향을 잃어도 다시 돌아갈 수 있다는 걸 알기 때문이다. 회복은 결국, 나를 다시 사랑할 수 있게 되는 길이라는 걸 말이다. 그리고 그 시작은, 한 알의 약을 삼키며 숨을 들이마신 그 순간이었다. 그 결심이, 내 인생의 새로운 페이지였다. 아직 희미하고 낯설지만, 나는 그 페이지를 끝까지 읽어 내려갈 것이다.

미로 같은 이 치유의 여정을 글자 하나하나로 따라가며, 언젠가 완성될 나의 이야기를 믿기로 했다. 그리고 나는 여전히 약을 먹는다. 매일 정해진 시간에 약을 챙겨 삼키며, 그 순간만큼은 나 자신을 챙긴다는 감각에 조금 울컥하기도 한다. 그것은 더 이상 나약함의 상징이 아니다. 그것은 선택이고, 결심이다. 살아있다는 증거다.

지금도 가끔 그 첫 알약을 삼키던 날을 떠올린다. 너무 작고 가벼워서 손끝의 감각조차 믿지 않던, 그 하얀 조각 하나가 내 삶의 균형을 바꾸어 놓았던 그날 나는, 어쩌면 무너짐의 끝에서 삶의 다리를 하나 발견했는지도 모른다. 다리가 어디까지 이어져 있을지는 아직 모르지만, 나는 그 위를 천천히, 그리고 조심스럽게 건너고 있다.

02
처음으로
살고 싶었다

"살고 싶다는 감정은, 삶이 내게 다가왔다는 첫 신호였어
(The desire to live was the first sign that life had reached out to me)
- 메이 사튼(May Sarton)"

정신과에서 처음 내게 건넨 것은 에스시탈로프람이라는 이름이었다. SSRI, 즉 선택적 세로토닌 재흡수 억제제! 처음 들었을 때는 그저 생소한 알파벳의 나열처럼 보였지만, 설명을 듣고 나서야 그것이 뇌 속의 세로토닌 농도를 조절해 기분을 안정시키는 약이라는 걸 알게 되었다. '행복 호르몬'이라는 말을 들은 적은 있었지만, 그 호르몬 하나가 내 인생을 이토록 바꿔놓을 수 있다는 건 여전히 믿기지 않았다.

의사는 조심스럽게 말했다.

"효과는 서서히 나타납니다. 빠르면 2주, 보통은 4주 정도 걸려요. 처음엔 오히려 불안이 심해질 수도 있어요."

나는 고개를 끄덕이면서도, 속으로는 망설였다. 하지만 너무 오래 고통에 시달렸던 터라, 결국 그 작은 종이봉투를 손에 쥐고 병원을 나섰다. 부작용 항목은 생각보다 많았다. 식욕 변화, 두통, 어지러움, 입마름, 그리고 드물지만 자살 충동의 악화! 그 무시무시한 단어들이 인쇄된 종이를 펴들고, 나는 소파에 앉아 한참을 들여다봤다. 약을 먹는다는 건 단지 생물학적 조정을 넘어서, 내 삶의 서사 구조에 어떤 개입을 허용하는 일이었다. 그리고 실제로 약을 복용한 첫 며칠 동안, 나는 세상의 모든 감각이 살짝 비틀린 듯한 기시감을 느꼈다. 감정 기복이 심해졌고, 멀미하듯 어지러움도 있었다. 그리고 가끔 끝없는 무기력에 빠지기도 했다.

나는 인터넷에서 비슷한 사례들을 찾아봤다. 누군가는 "약이 나를 사람들 사이로 돌아오게 했다"고 썼고, 다른 이는 "나는 웃는 법을 다시 배웠다"고 했다. 특히 정신건강 커뮤니티에서 한 사용자의 글이 눈에 들어왔다.

"처음엔 이게 나를 바꿔버리는 게 아닐까 무서웠어요. 근데 지금은, 이 약 덕분에 나 자신을 더 잘 볼 수 있게 됐어요."

그 문장을 읽는 순간, 나는 고개를 끄덕였다. 약은 나를 완전히 다른 사람으로 바꾼 게 아니라, 내가 잃어버렸던 감각과 언어를 다시 내게 돌려주는 것이었다.

약은 치료라기보다, 나 자신을 이해해 가는 실험이었다. 처음 복용한 SSRI는 감정을 한층 부드럽게 만들었지만, 식욕이 줄고 밤이면 잠을 이루기 어려웠다. 예상치 못한 불안이 더 깊어진 날도 있었다. 그래서 의사와 상의 후 SNRI 계열 약으로 바꾸었지만, 심장이 자주 두근거렸고, 손이 떨리는 느낌도 쉽게 사라지지 않았다. 이후 나는 신경안정제와 항불안제를 번갈아 복용하며, 나에게 맞는 균형점을 찾기 위해 인내의 시간을 거쳐야 했다. 약은 단번에 나를 회복시키지 않았지만, 나라는 사람의 리듬과 결을 되짚어보게 만든 통로였다.

그 과정은 치료라기보다는 훈련에 가까웠다. 약을 통해 감정과 신체를 관찰했고, 매 진료마다 변화의 기록을 남겼다. 나의 불안은 어느 시간대에 심해졌는지, 어떤 상황에서 눈물이 났는지, 무슨 말을 들었을 때 가슴이 철렁 내려앉았는지를 적었다. 약은 내 감정을 대신하지 않았다. 오히려 나를 돌아보는 가장 섬세한 거울이 되었고, 내가 나를 마주하는 시간 속에서 회복은 아주 서서히, 그러나 분명하게 시작되었다.

정신과 약은 다양했다. SSRI, SNRI, NDRI, TCA, 벤조디아제핀, 신경안정제, 항불안제까지… 각기 다른 화학적 방식으로 뇌를 조율하며, 어떤 약은 불안을 눌러주고, 어떤 약은 무기력을 들어 올린다. 나는 여전히 약을 복용 중이다.

어느 날 아침, 나는 오래간만에 따뜻한 공기가 몸 안으로 스며드는 것을 느꼈다. 너무 작고 미세한 변화였지만, 그 순간 문득 이런 생각이 들었다.
'지금 이대로, 조금 더 살아보고 싶다.'
그 감정은 가슴속 깊은 곳에서 잔물결처럼 번지는 감각이었다. 나는 조용히 숨을 들이쉬며 아주 작게, 그러나 분명하게 나 자신에게 말했다.
"괜찮아, 아직 끝이 아니야."

약을 조정하는 수개월 동안, 나는 정기적인 진료를 받으며 의사와 끊임없이 대화를 나눴다.
"지금 이 약은 당신을 보호하긴 하지만, 감정을 지나치게 눌러버리는 것 같아요. 우리가 조금 더 부드럽게 접근해 보는 건 어때요?"
의사의 말에 나는 처음으로 치료가 단지 약만을 처방하는 것이 아니라는 걸 깨달았다. 그것은 나와 의사, 그리고 내 감정 사이에 세워진 다리 같은 것이었다.

"요즘은 기쁜 일도, 슬픈 일도 별 감흥이 없어요."

의사는 고개를 끄덕이며 차트를 넘겼다.

"감정이 사라진 게 아니라, 눌려 있는 거예요. 우린 지금, 그 뚜껑을 조심스럽게 열고 있는 중입니다."

진료일마다 나는 내 감정과 신체 반응을 꼼꼼하게 모니터링했다. 어떤 날은 너무나 기분이 좋았고, 어떤 날은 갑자기 눈물이 나기도 했다. 나는 패턴을 기록했고, 의사는 그 흐름에 맞는 처방을 해주었다. 이런 기록은 나의 회복에 결정적인 나침반이 되었다. 약은 내 감정을 대신하는 것이 아니라, 감정을 들여다보게 해주는 창이었다. 그 창을 통해 나는 내 내면의 풍경을 관찰했고, 이전에는 이름 붙일 수 없던 감정들에 단어를 붙이기 시작했다. 약은 내 감정을 대신해 주는 게 아니라, 내가 내 감정을 정확히 마주할 수 있게 만들어 주는 거울이자 공간이었다.

정신과 약에는 SSRI 외에도 다양한 종류가 있다. SNRI(세로토닌-노르에피네프린 재흡수 억제제), NDRI(노르에피네프린-도파민 재흡수 억제제), TCA(삼환계 항우울제), 그리고 항불안제와 신경안정제까지… 각각은 뇌의 신경전달물질 작용 방식에 다르게 개입하며, 어떤 이는 에너지와 집중력을 높여주고, 어떤 이는 불안한 신경을 진정시킨다. 나는 한동안 약을 바꿔가며 나에게 맞는 리듬을 찾았다. 부작용도 있었지만, 그 과정 속에서 내 삶은 서서히 움직이기 시작했다.

그러다 나는 불현듯 생각했다.
'아, 이제 살 수 있을지도 몰라.'
확신은 없었지만, 그 가능성이 있다는 사실만으로도 나는 안도의 숨을 내쉬었다. 그것은 회복의 신호였다. 나는 그날 처음으로 일기장에 이렇게 썼다.
"살고 싶다."

03
정신과 약은
약점이 아니다

"마음이 아플 땐, 몸처럼 약이 필요해. 그것은 부끄러운 일이 아니라, 상처를 돌보는 자연스러운 일이야(When the mind hurts, like the body, it needs medicine. It is not shameful. It is simply care) - 닥터 라우리 앤드류스(Dr. Laurie Andrews)"

처음 병원을 찾았을 때 단순히 '우울감이 있다'는 말조차 힘들었다. 하지만 자주 눈물이 나고, 아침에 일어나는 것이 고통스러웠으며, 식욕도 사라지고 있었다. 의사는 조심스럽게 '주요 우울장애' 가능성을 설명했고, SSRI 계열의 약을 소량 처방했다. 이 신경전달물질들은 감정, 에너지, 수면, 동기부여 등 우리의 정신적 균형을 조율하는 물질이다. 대표적인 세 가지는 세로토닌, 노르에피네프린, 도파민이라고 의사는 설명했다.

  하지만 나는 생소한 약 이름에 지레 겁을 먹었고, 내 증상에 어떤 도움을 주는지를 이해할 수 없었다. 내가 이 약들에 대해 이야기하려는 이유는 같은 아픔을 가지고 있는 사람들과 그 보호자들에게 약이라는 단어에 담긴 무게, 복용이라는 행위에 따르는 두려움을 조금은 덜어주고 싶기 때문이다. 그리고 치유에 대한 희망을 독자와 함께 나누고 싶다. 약은 삶과 죽음 사이에서 내가 붙잡았던 다리였고, 지금 이 글을 쓰고 있는 이유이기도 하다.

  마음은 다양한 형태로 말을 한다. 아플 때도 그 모습이 다양해서 누군가는 아픔을 모른 채 자학하며 살아가기도 한다. 정신과 약물은 다양한 증상에 맞춰 처방되며, 각각의 약은 뇌 속의 특정 신경전달물질을 조절하는 방식으로 작용한다. 내 병을 이해하고자 알아보았던 대표적인 증상과 처방약, 그리고 약의 쓰임에 대해 조사해 보았다.

[우울증]

(1) 증상

슬픔, 무기력, 흥미 상실, 자기 비하, 불면 또는 과수면, 식욕 변화, 자살 충동 등이 대표적이다. 일상적인 활동조차 버겁게 느껴지고, 삶 자체가 무의미하게 다가오는 상태다.

(2) 처방 약물

SSRI(선택적 세로토닌 재흡수 억제제), SNRI(세로토닌-노르에피네프린 재흡수 억제제), NDRI(노르에피네프린-도파민 재흡수 억제제)

예를 들어, SSRI 중 하나인 플루옥세틴(프로작)을 처음 처방받은 한 환자는 첫 주는 거의 효과를 느끼지 못했지만, 2~3주차에 접어들면서 마음이 약간 가벼워지는 느낌을 받았다고 했다. 그는 마치 머릿속에서 들끓던 생각들이 조용히 가라앉는 기분이라고 표현했다.

SNRI를 복용한 다른 사례에서는 우울감보다는 에너지 저하와 집중력 결핍이 주요 문제였기에 벤라팍신(이펙사)을 선택했다. 초기엔 속 울렁임이 있었지만, 며칠 후부터는 머릿속이 맑아지고 일에 몰입할 수 있는 시간이 길어졌다고 전했다.

NDRI를 복용한 환자의 경우, 도파민 조절로 인해 무기력함이 줄고 기상 시간이 점차 앞당겨지는 변화를 느꼈다고 했다. 마치 오래 잠자고 있던 본능이 깨어나는 것 같았다고 회상했다.

(3) 작용 원리

① SSRI : 세로토닌이 뇌에서 빨리 사라지지 않도록 하여 기분을 안정시킨다. 대표적 약물로는 에스시탈로프람(렉사프로), 플루옥세틴(프로작) 등이 있다.

② SNRI : 세로토닌과 노르에피네프린 두 가지 신경전달물질을 동시에 조절한다. 대표적 약물로는 벤라팍신(이펙사), 둘록세틴(심발타) 등이 있다.

③ NDRI : 도파민과 노르에피네프린의 농도를 높여 무기력감과 집중력 저하를 개선한다. 대표적 약물로는 부프로피온(웰부트린) 등이 있다.

(4) 관련 신경전달물질 설명

① 세로토닌 : 감정 안정, 수면, 식욕에 영향을 주는 물질이며, 부족하면 우울, 불면, 식욕 저하로 이어진다.

② 노르에피네프린 : 스트레스 반응, 집중력, 에너지 수준을 조절한다.

③ 도파민 : 즐거움, 동기부여, 관심의 원천이다. 부족하면 무기력해지고 삶의 활력이 줄어든다.

[불안장애 및 공황장애]

(1) 증상

설명할 수 없는 불안, 과도한 걱정, 갑작스러운 공황발작, 심박수 증가, 어지러움, 숨 가쁨, 죽음에 대한 공포! 특히 공황장애는 외출 자체를 두려워하게 만들기도 한다. 우리가 알고 있는 것보다 더 많은 사람이 불안장애와 공황장애를 겪고 있으며, 그 환자 수는 점점 늘어나고 있는 추세이다.

(2) 처방 약물

SSRI, SNRI, 벤조디아제핀계 항불안제 등이 있다.

(3) 작용 원리

① SSRI/SNRI : 뇌의 불안 신호를 조절해 불안 반응을 완화한다.

② 벤조디아제핀 : 뇌의 과도한 흥분을 진정시켜 즉각적인 불안 완화에 도움을 준다. 대표적 약물로는 로라제팜(아티반),

알프라졸람(자낙스) 등이 있다.

(4) 관련 신경전달물질 설명

① 세로토닌 : 평온한 감정 유지에 관여한다.

② 노르에피네프린 : 과도한 각성과 긴장을 조절한다.

③ GABA : 억제성 신경전달물질로, 뇌의 활동을 진정시키는 작용을 한다. 벤조디아제핀은 GABA의 작용을 강화한다.

[강박장애(OCD)]

(1) 증상

반복적이고 원치 않는 생각(강박사고)과, 이를 잠재우기 위한 행동(강박행동)이 나타난다. 예를 들어, 과도한 손 씻기, 확인 강박, 숫자 세기 등의 반복 행동이 일상생활에 어려움을 겪게 한다.

(2) 처방 약물

고용량 SSRI 등이 있다.

(3) 작용 원리

SSRI는 세로토닌 회로를 조절해 뇌의 과잉 신호를 줄이고 사고와 행동의 반복을 완화한다.

(4) 관련 신경전달물질 설명

① 세로토닌 : 사고의 융통성과 감정 조절에 관여한다. 부족하거나 비정상적으로 작동할 경우, 집착과 불안을 유발할 수 있다.

[양극성 장애(조울증)]

(1) 증상

기분이 비정상적으로 들뜨는 조증 상태와, 극단적인 우울감이 번갈아 나타난다. 충동적인 행동, 과소비, 수면 부족, 과도한 자신감 등의 조증 증상과 무기력, 절망, 자살충동을 동반한 우울 증상이 반복된다.

(2) 처방 약물

신경안정제, 항정신병 약물 등이 있다.

(3) 작용 원리

① 신경안정제 : 조증과 우울증 양쪽을 조절해 기분의 파동을 완화한다. 대표적 약물로는 리튬, 발프로산(디파케인) 등이 있다.

② 항정신병 약물 : 조증 중 나타나는 망상이나 흥분 상태를 조절한다. 대표적 약물로는 아리피프라졸(아빌리파이), 쿼티아핀(세로켈) 등이 있다.

(4) 관련 신경전달물질 설명

① 도파민 : 조증 상태에서 과잉 활동하며 흥분과 충동을 높인다.

② 세로토닌 : 기분 조절 전반을 담당한다.

③ 글루탐산 : 흥분성 전달물질로, 과도한 흥분이 조증을 유발할 수 있다.

[조현병]

(1) 증상

환청, 망상, 비논리적인 사고, 사회적 고립 등이 있다. 현실과 환상의 경계가 흐려지며, 감정이 무뎌지고, 대인관계가 단절되기도 한다. 요즘 조현병으로 인한 사회적인 사건사고가 많은 이슈를 낳고 있어 마음이 아프다.

(2) 처방 약물
항정신병 약물이 있다.

(3) 작용 원리
도파민 수용체를 차단해 환청과 망상을 줄인다. 이는 마치 과열된 라디오의 볼륨을 낮추는 것과 같다. 도파민이 지나치게 많이 작동하면 뇌는 실제와 상상을 구분하지 못할 만큼 흥분된 상태가 되는데, 수용체를 차단하면 그 흥분을 진정시키고 현실 감각을 되찾는 데 도움이 된다. 최근의 비정형 항정신병 약물은 부작용이 적고 감정적 평정을 유지시켜 준다.

(4) 관련 신경전달물질 설명
① 도파민 : 조현병에서는 도파민 과다 활동이 환각과 망상의 주요 원인으로 작용한다.

이 모든 약물은 사람마다 다양한 효과와 부작용이 나타난다. 어떤 사람은 졸림을, 어떤 사람은 불면이나 입 마름, 체중 변화 등을 경험하기도 한다. 그렇기에 치료자는 환자의 반응을 자세히 관찰하며 약을 조정해 나간다.

정신건강의학과 전문의 김한나 박사는 이렇게 말한다.
"약은 단지 병을 치료하는 도구가 아니라, 환자가 스스로를 이해해 가는 여정을 함께하는 파트너예요. 내담자가 자신의 몸과 감정의 변화를 기록하고 이야기하는 게 치료의 핵심입니다."

나 역시 그 과정을 겪었다. 처음엔 약을 먹는다는 사실 자체가 부끄럽게 느껴졌고, 감추고 싶은 마음이 컸다. 약을 바꾸고, 기다리고, 관찰하고, 다시 바꾸는 반복 속에서 나는 나를 더 깊이 들여다볼 수 있었다. 약이 내 삶을 대신 살아주진 않았지만, 내가 나를 다시 만날 수 있도록 돕는 친구가 되어주었다. 지금도 나는 매일 그 친구를 손에 쥔다. 약은 더 이상 숨기고 싶은 약점이 아니다. 처음 이 글의 시작에서 말했던 것처럼, '마음이 아플 때, 몸처럼 마음도 약이 필요하다' 그것은 내가 내 삶을 포기하지 않고 있다는, 가장 분명한 증거다.

지금을 살아가는 당신의 이야기…
나는 말하고 싶다. 당신의 이야기도 언젠가
누군가에게 빛이 될 수 있다고!

이제 나는 말하고 싶다. 약은 구원이 아니다.
하지만 약은 버팀목이 될 수 있다.

제3부.

치유라는 이름의
그림자

01
함께 살아가는 법을 배우다

"감정은 적이 될 수 있어. 감정에 휘둘리면, 내 자신을 잃게 되지(Emotion can be the enemy, if you give into your emotion, you lose yourself) - 브루스 리(Bruce Lee)"

약을 먹기 시작하면서, 우울과 불안이 조금씩 잦아들자, 기묘한 침묵이 찾아왔다. 고통이 줄어든 것인데도 이상하게 불편했다. 슬픔이 사라지자, 나 자신도 함께 사라지는 것 같았다. 나는 오랜 시간 '불안'이라는 뾰족한 감정에 둘러싸여 있었고, 그것이 곧 나의 정체성이기도 했다. 고요는 그 익숙한 소음을 밀어냈고, 나는 텅 빈 방 안에 홀로 남겨진 느낌이었다.

하지만 고요는 마냥 평화롭지 않았다. 그 고요는 마치 물 위에 부유하는 얼음 조각 같았다. 빛을 반사하며 멈춰 있지만, 그 아래엔 금이 가고 있었다. 그 안에는 미세하게 갈라지는 균열이 있었다. 낮에는 그저 조용한 울림이었지만, 밤이 되면 그것은 전율이 되었다. 시곗바늘이 움직이는 소리, 냉장고의 낮은 진동, 이불 위로 스치는 손등의 체온! 모든 것이 감정의 바깥에서 내게 말을 걸어오는 것 같았다. 감정이 제어된 줄 알았던 순간에도, 마음은 다른 방향으로 흐르고 있었다. 약이 나를 진정시켰지만, 그 속에는 또 다른 내가 숨어 있었다. 마치 낯선 이가 내 목소리를 흉내 내며 내 삶을 연기하는 기분 말이다.

항우울제, 특히 SSRI는 세로토닌의 농도를 조절하며 감정의 파도를 잔잔하게 만든다. 하지만 그 잔잔함 속엔 불투명한 층이 있다. 감정의 급류가 멈추었는데도, 물속 어딘가에서는 여전히 무언가 소용돌이치고 있었다. 나는 웃는 얼굴로 사람을 대하면서도 속으로는 이유 없는 짜증과 무력감에 잠겨 있었고, 작은 일에도 눈꺼풀이 무겁게 떨렸다.

무엇보다 충동은 더 느려지지 않았다. 오히려 다듬어지지 않은 감정이 반사처럼 튀어나오는 순간이 있었다. 문득, 말도 안 되는 이유로 입가에 걸린 말이 어느새 가시가 되어 튀어나갔고, 말끝마다 심장이 툭툭 건드려지는 기분이었다. 말이 튀어 나간 뒤에야 손끝이 떨리고, 내 안의 무언가가 덜컥 내려앉았다. 나는 그 순간을 이해할 수 없었다. 무언가가 안에서 터졌고, 그 터짐은 외부의 맥락과는 아무 상관도 없어 보였다. 나중에 돌아보니, 그건 감정이 눌려 있다가 새어 나오는 틈이었다.

　감정은 줄어든 게 아니었다. 오히려 더욱 정제된 채로 숨어 있었고, 때로는 마치 물 밑을 유영하는 그림자처럼 나를 따라다녔다. 감정은 단지 느려졌고, 더 깊이 가라앉았고, 덜 다루어졌을 뿐이었다. 나는 말로 설명할 수 없는 피로를 안고 살아갔고, 그 피로는 자주 무표정의 형태로 나타났다.

　심지어 공기조차 다르게 느껴졌다. 계절이 바뀌는 순간의 냄새, 커피의 쓴맛, 옷깃 사이로 스며드는 오후의 빛! 이 모든 것이 희미하게, 필터를 낀 화면처럼 인식되었다. 감각이 남아 있었지만, 감각의 깊이가 줄어든 느낌이었다. 예전에는 봄 햇살에 코끝이 간질거렸고, 첫 모금의 커피에서 하루가 시작된다는 걸 온몸으로 느꼈다. 지금은 그 모든 감각이 창백하게, 투명하게만 지나갔다. 나는 삶을 통과하는 사람이 되었고, 체험보다는 관찰에 가까운 일상을 살아갔다.

  나는 이해했다. 감정을 잃는 것이 아니라, 감정과 나 사이에 거리감이 생긴 것임을 말이다. 그 거리를 처음엔 무서워했지만, 점차 그것이 나를 덜 다치게 한다는 걸 깨달았다. 하지만 거리는 때로 외로움이 되었고, 외로움은 다시 충동이 되었다. 갑자기 뭔가를 사고 싶고, 도망치고 싶고, 누군가에게 나를 던지고 싶은 욕구! 약은 감정을 누그러뜨리지만, 충동을 완전히 제거하지는 못했다.

  나는 점점, 내 안의 잔향을 더듬으며 걷는 사람이 되었다. 감정에 휘둘릴 때마다 나를 잃어버릴 것 같았던 순간들, 이제는 그 감정을 조심스럽게 바라보며 걸어간다. 침묵 속에서 가장 큰 소리를 들으며, 나는 내 안의 중심을 되찾으려 발버둥치고 있었다. 고요한 방 안, 작은 빛, 멍하니 응시하는 창밖! 그런 순간들 속에서 나는 나의 감정을 다시 해석하고 있었다. 감정이 사라진 게 아니었다. 감정은 여전히 거기 있었고, 나는 그것과 함께 살아가는 법을 다시 배우고 있었다.

02
누군가의 온기를 그리워하다

"방황하는 이들 모두가 길을 잃은 것은 아니야(Not all those who wander are lost) - J. R. R. 톨킨"

나는 숨을 들이켰다. 공기는 텁텁했고, 입 안은 말라붙었다. 약이 내 안의 거센 감정을 누그러뜨린 날들 속, 나는 어느새 이상한 갈증을 느끼기 시작했다. 정해진 시간에 알약을 삼키고, 감정의 날카로움을 무디게 한 대신, 내 안에서 또 다른 무엇인가가 자라나고 있었다. 그것은 허기였다. 감정의 결핍이 낳은, 사람을 향한 과도한 갈망 말이다.

나를 바라봐 주는 누군가가 필요했고, 아주 짧은 시간이라도 내가 누구인지 물어봐 주는 눈빛이 필요했다. 그러다 어느 날, 나는 친구의 권유에 익명의 대화방에 접속했다. 사람을 만나기 두려워하는 나에게 이곳은 별천지였다. 사람들과의 대화가 즐거웠고 흥이 났고 살아있는 느낌이었다. 그들은 나를 환영했으며 궁금해했다. 그리고 그것은 곧, 어디 사는지, 만나고 싶은지를 묻는 질문으로 이어졌다.

처음에는 망설였다. 하지만 나 역시도 그들 못지않게 그들이 궁금했고 심지어 나를 보여주고 싶었다. 평소라면 무서웠을 문장들이 오히려 위로처럼 느껴졌다.
"보고 싶다."
"넌 어떤 사람이야?"
이런 말들은 마치 내가 존재하고 있다는 것을 확인시켜 주는 도장처럼 느껴졌다. 그리고 사람과의 연결을 향한 욕망은 더 깊고 커져갔다.

그들과의 만남은 격렬했다. 그사이 내 심장은 뜨거웠고 강하게 뛰었다. 도파민! 커피숍에서 마주 앉은 낯선 사람과의 대화, 무의미한 웃음, 그리고 이어진 호텔방! 그 순간, 나는 나 자신이 아닌 듯했다. 낯선 몸에 나를 기대며 마치 고장 난 기계처럼 움직이는 내 몸을 지켜봤다. 언제나 그들과의 대화는 무의미했고, 나는 그저 날뛰는 감정이 이끄는 대로 따라갔다. 하지만 그들과 헤어지고 난 후, 방을 나와 문이 닫히는 소리에 날뛰던 심장도 바로 쿵 하고 닫혀버렸다. 마치 열광적인 공연이 끝난 후의 빈 운동장처럼 내 마음은 공허하고 더 깊은 외로움 속으로 빨려 들어갔다. 그 고요가 무서워 난 서둘러 다시 그 대화방을 찾는다.

이후에도 오랫동안 나는 비슷한 만남을 반복했다. 그들은 나를 사랑하지 않는다. 나도 그들을 사랑하지 않는다. 나는 고요를 채우기 위해, 아니 살기 위해 그 순간에 집착했다. 그 몇 시간 동안 나는 존재했고, 누군가의 시선 속에서 살아있었다. 예전의 나는 늘 조심스러웠다. 감정을 드러내는 일이 두려웠고, 어떤 말과 행동에도 스스로를 통제하던 버릇이 있었다. 그러나 이제 나는 스스로를 제어할 수 없었다.

그 갈망은 감정이 아니라 생존처럼 느껴졌다. 그 안에는 단순한 성적 욕망이 아니라, '나를 봐달라'는 외침이 숨어 있었다. '지금 여기 살아있다는 증거가 필요하다'는 고백이 있었다. 나는 관계를 통해 그 빈자리를 채우고 있었고, 마치 사막의 한 모금 물처럼, 그 찰나의 체온에 매달렸다. 그러나 그 물은 늘 소금기 가득했고, 마시고 나면 더 갈증이 심해졌다. 나는 더 이상 이를 숨기지 않기로 했다. 나는 병원을 찾았고 정신과 주치의에게 처음으로 나의 절제할 수 없는 관계중독에 대해 이야기했고, 약이 조정되었다.

어느 날 갑자기 쓰나미처럼 나를 지배해 버린 갈증의 의미를 알게 되었다. 나는 사랑받고 싶은 게 아니라, 단지 '느끼고' 싶었던 것이었다. 무감각해진 내 감정을 되찾기 위해, 외부의 자극에 나를 던지고 있었던 것이다. 이 중독적인 충동은 회복이 아니라, 일그러진 신호였다. 내가 느껴야 할 고통, 분노, 외로움, 애정을 약이 눌러놓았고, 그 자리에 비정상적인 충동이 솟아난 것이다. 감정은 억눌렸지만, 욕망은 방향을 잃고 자라났다.

나는 사랑이 아니라, 약의 부작용이 이끄는 환영 속에 있었던 것이다. 나의 감정은 눌려 있었지만, 나의 외로움은 튀어나와 거리를 활보했다. 이 반복적인 충동은 약의 부작용 중 하나였다. 항우울제, 특히 일부 SSRI나 SNRI 계열 약물은 때로 충동성 행동과 감정의 탈억제 현상을 유발한다고 했다. 특히 조증이나 경조증 에피소드가 잠재되어 있던 사람에게는 성적 충동, 충동구매, 자기 과시 등으로 나타날 수 있다고 의사는 말했다.

지금도 나는 누군가의 온기를 그리워한다. 하지만 이제는 알게 되었다. 외로움이 나를 데려간 그 길이, 나를 아프게 했다는 것을! 충동이 만들어낸 관계는 진짜 나를 보듬지 않았다는 것을! 고요 속에서 진짜 연결을 다시 배워야 한다는 것을! 그렇게 나는 조금씩 나를 되찾아가고 있다. 감정을 잃는 게 아니라, 감정과 함께 살아가는 새로운 방식을 배우는 것! 그 배움의 순간마다 조금씩 나를 되살렸다. 나의 방황은 격정적이었고 열정적이고 위태로웠으나 나를 향한 방향이었음을 안다. 앞으로도 조금씩은 흔들릴 테지만 그래도 내가 가야 할 곳을 바라보며 걸을 것이다.

03

다시 일어설 수 있을까?

"우리는 종종 다른 사람들이 우리를 어떻게 정의하느냐에 따라, 우리 자신을 증오하게 되지(We often hate ourselves because of how others have defined us) - 벨 훅스(bell hooks)"

관계중독이라는 약의 부작용에서 허우적거릴 때 가장 고통스러웠던 건 나를 향한 멸시와 무시였다. 나는 내 고통의 무게보다 사람들의 시선이 더 두려웠다. 관계중독이라는 말은 너무 낯설었고, 약의 부작용이라는 설명은 누구에게도 통하지 않았다. 그들은 그저 나를 방탕하다고 여겼고, 약을 핑계로 삼아 자신을 망가뜨린 사람이라 판단했다. 내가 무너져 가고 있다는 사실보다, 내가 어떻게 무너지는가에만 관심이 있었다.

집 안은 더 이상 쉴 수 있는 공간이 아니었다. 동생은 처음엔 냉소와 조롱으로 일관했지만, 점점 나를 투명인간 취급을 했다. 아빠는 입을 닫으셨고 엄마는 우셨다. 동생이 말했다.
"정말 미친 거야?"
그 말은 칼처럼 뼛속을 스쳤다. 나는 이 집에서 나에 대해 말할 수 없다는 것을 깨달았다. 나는 더 이상 가족이 아니라 낯선 사람으로 느껴졌다.

대화방에서도 나를 향한 멸시는 계속되었다. 상대방은 나를 쉽게 소비했고, 나는 나를 자꾸 내주었다. 감정은 사치였고, 따뜻함은 오해였다. 내가 준 마음은 흠집 난 유리처럼 쉽게 깨졌고, 상대는 무심히 밟고 지나갔다.
"넌 그냥 원나잇이야."
"그냥 재미있으면 그걸로 된 거야."
그런 말들이 아무렇지 않게 필터링 없이 내 귀에 꽂혔다. 나는 소비되었고 쉽게 잊혀졌다.

약의 부작용은 충동성뿐 아니라, 자존감의 파괴를 동반했다. 처음엔 몰랐다. 약이 내 안의 구조를 바꿔놓고 있다는 사실을 말이다. 단지 '기분이 이상하다', '평소 같지 않다'는 느낌이 계속되었을 뿐이다. 하지만 그 이상함은 차츰 나를 휩쓸었다. 나는 작은 파도에 휩쓸리듯 감정의 끝에 닿았고, 결국 그 끝에서 나는 무너졌다. 그리고 그 무너짐은 누구에게도 설명할 수 없는 형태로 번져 나갔다.

정신과 약은 사람을 고요하게 만들기도 하지만, 때로는 정반대의 얼굴을 드러낸다. SSRI계 항우울제는 세로토닌을 조절하며 감정의 안정을 도우려 하지만, 어떤 이들에게는 감정이 '풀려버리는' 부작용을 낳는다. 감정이 정제되는 것이 아니라, 감정이 흘러넘쳐 버리는 것이다. 그것은 때로 충동성, 때로 성욕 과잉, 때로는 관계에 대한 지나친 집착으로 나타났다.

나는 그 모든 것과 싸우고 있었다. 그러나 주변 사람들은 그런 싸움을 보지 못했다. 아니, 보려 하지 않았다. 그들은 결과만을 보았다. '왜 저래?'라는 표정으로 나를 보았고, '정신과 약 먹더니 사람이 이상해졌다'며 수군거렸다. 나는 거울 앞에서 나를 바라보았다.
"나는 정말 쓰레기인 걸까?"
그 질문은 곧 증오로 변했다. 자신에 대한, 그리고 이 세상에 대한…

약을 먹기 전의 나는 불안했지만 나를 통제할 수 있었다. 그러나 약을 먹고 난 뒤, 내 감정은 더 쉽게 달아올랐고, 더 빨리 식어버렸다. 그것은 마치 뜨거운 물 위에 서 있는 얼음 조각 같았다. 당장은 괜찮아 보이지만, 조금만 지나면 사라지는. 나 자신이 사라질 것 같은 두려움에 나는 사람을 찾았고, 그 과정에서 사람들에게 나를 맡겨버렸다. 누군가를 붙잡았고, 잠시라도 그 손을 놓치지 않기 위해 필사적이었다. 하지만 그 손은 늘 먼저 놓였다. 나는 반복해서 땅에 떨어졌고, 매번 다시 허공을 향해 손을 뻗었다. 그 손끝에서 부서지는 자존감, 산산이 조각 난 나!

울 수 없었다. 눈물은 말라버렸고, 감정은 무뎌졌다. 대신 몸이 아팠다. 가슴이 눌리고, 위장이 뒤틀리고, 손끝이 저렸다. 의사는 말한다. 스트레스성 위염, 심인성 통증! 하지만 나는 안다. 그것은 내 감정이 몸으로 새어 나오는 방식이라는 걸 말이다. 이 부서진 자리에서 다시 일어설 수 있을까? 하지만 나는 아직 무너지지 않았다. 여전히 약을 먹고 있고, 여전히 아프지만, 나는 이 고통을 글로 써 내려가고 있다. 이건 나의 방식이다. 이해받지 못한 사람들을 위한 목소리, 침묵 속의 기록, 그리고 다시 살아보려는 작은 시도 말이다.

내 안의 혼란은 내 잘못이 아니었다. 약이 만든 파장이었고, 그 파장은 내 성격과 몸과 관계와 기억까지 바꿔놓고 있었다. 하지만 세상은 나를 비난했다. 아무도 묻지 않았다.
"요즘 어떤 약을 드세요?"
"부작용은 없으세요?"
그런 질문은 없었다. 혐오와 단절뿐이었다. 나는 약을 복용한다는 사실을 숨기게 되었고, 스스로를 감추기 위해 더 조용해졌다.

살아보겠다는 나의 선택은 큰 상처로 돌아왔다. 엄마는 나를 볼 때마다 "왜 맨날 그런 눈빛을 하고 있어?"라고 말했다. 나는 그 눈빛이 무언지 잘 알았다. 두려움과 기대와 고통이 뒤섞인, 설명할 수 없는 눈빛이었다. 하지만 그 눈빛을 이해하는 사람은 아무도 없었다. 정신과 약을 복용하는 수많은 사람들도 나와 같은 말을 한다.
"나는 나를 잃고 있는 것 같아요."
"이건 내가 아닌데, 멈출 수가 없어요."
그것은 그들의 잘못이 아니다. 그것은 신경전달물질의 균형이 무너질 때 생기는 생물학적 반응이다. 감정을 적당히 느끼는 능력이 사라지고, 기쁨도 슬픔도 분노도 증폭되거나 무뎌진다.

약은 우리를 살리는 동시에, 우리를 낯설게 만들기도 한다. 어떤 날은 아무 말도 할 수 없을 만큼 머릿속은 안개로 가득하고, 멍하니 앉아 창밖만 본다. 누군가 말을 걸어도 알아듣는 데 몇 초가 걸렸다. 그것도 부작용이었다. '인지 저하'라는 말로 정리되지만, 실은 나의 일상과 존재를 잠식하는 문제였다.

나는 약을 끊고 싶었다. 하지만 두려웠다. 다시 그 고통을 마주할까봐, 떨어질까봐! 죽음보다 무서웠던 건, 다시 아무 감정도 느끼지 못하고 살게 되는 것이었다. 그래서 나는 부작용의 위험을 알면서도 약을 계속 삼켰다. 알약 하나에 걸린 내 생의 무게! 가끔은 그 무게가 나를 짓누르지만, 그 무게가 나를 다시 살게 하기 때문이다.

이제 나는 말하고 싶다. 약은 구원이 아니다. 하지만 약은 버팀목이 될 수 있다. 우리는 약을 통해 다시 세상에 연결되려고 애쓰는 사람들이다. 충동도, 멸시도, 단절도 모두 그 과정의 일부였다. 나는 그 과정을 통해 더 이상 '정상'이라는 틀에 나를 억지로 끼워 맞추지 않게 되었다. 그리고 무엇보다, 부작용까지도 치유 과정의 일부로 받아들이기로 했다. 그것은 나를 망가뜨리기도 했지만, 동시에 나를 알게 하기에 말이다. 내 한계, 내 민감함, 내 회복력! 이 모든 것들이 모여 나를 다시 인간으로 만들고 있었다.

지금 이 글을 읽고 있다면, 혹시 당신도 그런 고통의 강을 건너고 있는 중일지도 모른다. 그렇다면 말해주고 싶다. 그 강은 길고 험하지만, 그 끝에서 우리는 다시 만날 수 있다고 말이다. 비정상이 아닌, '다르게 아픈' 존재로. 그리고 그 다름은 결코 부끄러움이 아니라고.

지금을 살아가는 당신의 이야기…
나는 말하고 싶다. 당신의 이야기도 언젠가
누군가에게 빛이 될 수 있다고!

나는 나 자신을 바꾸는 게 아니라 회복이라는 것이
내 삶에 조금씩 스며들도록 허락하고 있었다.

제4부.
나를 파괴하는 것들에 맞서다

01
난 문란한 여자가 아니야!

"날고 싶다면, 너를 짓누르는 짐을 버려야 해(You want to fly, you have to give up the shit that weighs you down) - 토니 모리슨 (Toni Morrison)"

나를 파괴해 버린 중독에서 벗어나는 일은 상상한 것보다 더 어렵고 외로웠다. 나는 한동안 내 안에서 무너지는 소리를 들으며 살아야 했다. 그 소리는 크지도 않았고, 누군가 들을 수 있는 것도 아니었지만, 나에게는 모든 시작과 끝을 결정 짓는 파열음이었다. 관계중독이라는 단어는 나를 쉽게 정의할 수 없었지만, 내가 나를 지키지 못하는 반복의 고통은 점점 더 명확한 이름을 갖기 시작했다. 약의 부작용은 단지 몸의 반응에 그치지 않았고, 사람들과의 관계 속에서도 파열음을 만들어냈다. 감정은 예측할 수 없었고, 충동은 스스로를 설명할 수 없는 속도로 다가왔다. 때로는 사랑이라는 착각 아래 무너졌고, 때로는 환멸의 문턱 앞에서 숨죽였다.

주변 사람들의 시선은 날카로웠다. 내 안의 이유 없는 불안과 허기, 외로움을 설명하려 할 때, 돌아오는 것은 이해가 아니라 판단이었다.

"난 문란한 여자가 아니야! 난 약의 부작용을 앓고 있었을 뿐이야."

이렇게 항변을 해도 나의 외침은 경멸이 가득한 시선으로 돌아올 뿐이었다. 심지어 가족조차 나를 멀리했고, 내 상태를 '도덕적 결함'으로 결론지었다. 관계 안에서 맺어졌던 온기는 언제나 짧았고, 그 끝은 부끄러움과 후회, 스스로에 대한 혐오로 귀결되곤 했다. 나는 내 안의 아픔이 타인의 시선에서 얼마나 쉽게 왜곡되는지를 체험하고 있었다. 그 왜곡은 내 자존을 갉아먹고, 나조차도 나를 혐오하게 만들었다.

나는 달라져야 했다. 살기 위해, 외롭지 않기 위해 빠져들었던 늪에서 나와야만 했다. 나는 다시 태어나기로 했다. 몰아치는 감정에 쓸려가지 않기 위해 마음에 둑을 쌓고 나를 지켜내야 했다. 우선 나는 매일 아침, 내가 가장 편안한 시간이 무엇인지 깊게 생각하고 메모를 했다. 머리에 떠오르는 대로 마구 적어 내려갔다.

'커피'

'음악'

'걸어가기'

'재미있는 영상 보기'

'약에 대해 알아보기'

'나를 사랑하기'

처음 몇 분은 아무 생각도 나지 않았지만, 어느덧 메모지에 채워진 글자들! 너무도 사소한 것들이었다. 나는 이 메모를 바라보다 눈물이 왈칵 쏟아졌다. 이게 뭐라고… 이런 작은 일상들을 그리워하고 있었던 건가? 도대체 넌 어떻게 살아온 거니? 내가 너무 가여웠다.

나는 대충 옷을 갈아입고 가장 가까운 커피숍으로 향했다. 거리엔 현기증이 날 만큼 에너지가 넘쳐났다. 피부에 닿는 햇볕조차 버거웠지만 기분은 좋았다. 나도 사람들 사이로 걷기 시작했다. 그러다 창이 이쁜 커피숍이 눈에 들어왔다.

'우리 동네에 이런 곳이 있었구나.'

나는 잠시 다른 곳에 여행을 온 이방인 같은 느낌이 들었다. 문을 열고 들어서니 커피향이 가득했다. 주문한 커피를 추출하는 바리스타의 몸짓은 경건한 의식 같았고, 나는 신의 은총을 받는 어린 양처럼 감사히 커피를 받았다. 코끝을 타고 들어온 커피향은 그 증기를 따라 천천히 마음의 안쪽을 적셔 왔다. 그 향기 속에는 묵은 외로움도, 오래된 기억도 함께 녹아 있었다. 단 한 잔의 커피, 그것이 나를 하루에 닻처럼 붙들어 주었다.

나는 다른 사람들의 일상이 궁금해졌다. 마음이 보통인 사람들은 어떤 모습일까? 여러 가지 영상을 보다가 로하님의 브이로그를 들어가게 되었다. 영상에 보이는 그녀의 일상은 편안하고 따뜻했다. 어릴 적 우리 집과는 전혀 다른 느낌의 가정, 그리고 가족, 식탁 위에 비치는 오후의 햇살, 부드럽게 끓는 냄비의 소리, 가끔 들리는 아이의 웃음소리! 그런 장면과 소리들은 내 마음을 사로잡았다.

마음이 헝클어진 날에도 그 브이로그를 틀어놓고 있으면 마치 내가 그 공간의 한켠에 앉아 있는 것 같았고, 혼자인 줄 알았던 내 하루에 누군가의 따뜻한 온기가 스며들었다. 그녀는 아무런 거창한 메시지도 없이, 자신의 조용한 하루를 기록했다. 평범한 집안일, 따뜻한 목소리, 작은 화분과 따뜻한 빛이 스며든 부엌! 그 모든 장면이 마치 나를 위한 풍경 같았다.

나는 그 영상을 보며 화면 너머의 세상이 나를 조용히 끌어안아 주는 듯한 위로를 받았다. 매일 빠짐없이 시청한 브이로그는 마치 매일 먹는 약과 같았다. 다른 점이 있다면, 그것은 마음의 부작용 없이 온기를 주는 약이었다는 것이다.

그 시기 나는 관계중독에서 벗어나기 위해 마음의 갈피를 잡으려 애쓰고 있었다. 순간의 친밀감에 기대어 자신을 잃고, 다시 깊은 후회와 공허에 빠져드는 그 악순환의 고리를 끊는 데 필요한 것은, 커다란 결단이 아닌 작은 기쁨을 찾아내는 것이었다. 로하님의 그 일상은 처음엔 마냥 신기했고 부러웠다. 나와는 너무 먼 삶처럼 느껴졌지만, 시간이 흐르면서 그 평범함이 나도 살 수 있다는 희망으로 바뀌었다.

나는 음악도 들었다. 좋은 노래와 가사는 내 감정의 파고를 되돌리는 데 큰 역할을 했다. 어떤 날은 노래 가사 한 줄 한 줄이 마음에 얹혀 있을 때, 오래 울지 못했던 감정이 눈물로 흘러내렸다. 조용히 흐르는 클래식 음악, 오래전 좋아했던 발라드, 그리고 로하님의 영상 배경에 흐르던 잔잔한 기타소리까지, 음악은 내 내면에서 멈춰 있던 감정을 흔들어 깨웠다. 그날의 내가 얼마나 아팠는지를 상기시키기도 했지만, 동시에 아직 내가 살아있고, 감각이 남아 있다는 증거이기도 했다.

나는 나 자신을 바꾸는 게 아니라, 회복이라는 것이 내 삶에 조금씩 스며들도록 허락하고 있었다. 마음의 부스러기들을 줍는 시간이었다. 걷는 것도 그 일부였다. 동네 골목을 따라 천천히 걸으며, 나는 도시의 소음 속에서도 나만의 속도로 살아가는 법을 배웠다. 공원 벤치에 앉아 바람이 얼굴을 스치는 감각을 느끼고, 아이들이 웃는 소리에 나도 모르게 미소 짓고, 오래된 나무에 기대어 잠시 눈을 감았다. 그 모든 순간들이 치료였다.

어느 날, 나는 조용한 방 안에서 이렇게 중얼거렸다.
"나는 이제 조금은 나를 사랑할 수 있을 것 같아."
오랫동안 자신을 미워해 온 사람에게 그 한 문장은 너무도 낯설고 벅찼다. 하지만 나는 알았다. 이 회복은 직선이 아니고, 느리고, 반복되고, 때론 퇴행하는 길이지만, 분명히 전진하고 있다는 것을 말이다.

나는 여전히 매일 커피를 마신다. 여전히 로하님의 브이로그를 본다. 음악을 듣고, 메모를 하고, 사람들 사이를 걷는다. 특별한 것들이 아니다. 그저 살아가는 중이다. 나는 이제 안다. 이 일상의 반복은 삶을 회복하는 하나의 방식이고, 한때 내 안에서 무너지는 소리를 들으며 버텨냈던 시간들이 결국 나를 여기에 데려다주었다는 증거다. 그것을 견디는 내 안의 용기다. 더는 누구에게도 휘둘리지 않는 나를 만드는 시간이었다. 그렇게 나는 천천히, 그러나 확실하게 나를 사랑하고 있다.

02
나의 삶이고
나의 싸움이었다

"자각한다는 것은 가장 강력한 변화의 도구야(Awareness is the greatest agent for change) - 에크하르트 톨레(Eckhart Tolle)"

관계중독에서 벗어나겠다고 결심한 이후, 나는 처음으로 나에게 일어난 모든 일들을 한 발 뒤로 물러나 객관적인 눈으로 바라보기 시작했다. 감정의 굴곡, 충동의 방향, 반복되는 후회, 나를 지치게 했던 감각들! 그것들은 단순히 내 성격이나 인격의 결함이 아니라, 약과 병이 만든 궤도 위에서 움직이던 나의 그림자였다. 그 사실을 받아들이기까지 오랜 시간이 걸렸지만, 그 자각은 나에게 조용한 희망이 되었다. 나는 나를 이해하고 싶었다. 그리고 약을 이해하고 싶었다.

이전까지 나는 수동적인 환자였다. 병명을 듣고, 약을 받고, 다시 병원을 나서는 일상이 반복되었다. 하지만 약에 대해 알아가기로 결심하면서, 나는 더 이상 무기력하게 치료를 '받는' 사람이 아니라, 치료의 방향을 함께 만들어 가는 사람이 되기 시작했다. 특히 내가 겪은 관계중독, 충동조절 장애, 기분의 널뛰기는 단지 나의 성향이나 약함이 아니라는 점을 받아들이면서 조금은 위안이 되었고 죄책감도 줄어들었다.

나는 책을 찾아보고, 인터넷에 기사들을 검색해 보았다. 정신과 약물은 뇌의 화학물질에 직접 작용하기 때문에 효과도 강하지만, 예상치 못한 부작용도 함께 따라온다. 대부분의 정신과 약물은 세로토닌, 도파민, 노르에피네프린 같은 신경전달물질의 농도를 조절해 감정이나 행동, 집중력을 안정시킨다. 하지만 이 조절이 때로는 다른 감각들을 둔하게 하거나, 새로운 충동을 만들어내기도 한다. 다음은 정신과 약물별 주요 부작용을 요약한 내용이다.

(1) SSRI(선택적 세로토닌 재흡수 억제제)
① 대표 약물 : 프로작(플루옥세틴), 졸로프트(설트랄린), 팍실(파록세틴) 등
② 부작용 : 무감각, 성 기능 저하, 불면증, 위장장애, 체중

증가, 불안 악화 등

(2) SNRI(세로토닌-노르에피네프린 재흡수 억제제)

① 대표 약물 : 이펙사(벤라팍신), 심발타(둘록세틴) 등

② 부작용 : 식은땀, 두통, 불면, 혈압 상승, 불안과 공격성 증가 등

(3) 벤조디아제핀 계열 항불안제

① 대표 약물 : 클로나제팜, 디아제팜, 로라제팜 등

② 부작용 : 졸림, 반응 지연, 의존성, 기억력 저하, 금단증상 등

(4) 항정신병약(도파민 수용체 차단제)

① 대표 약물 : 올란자핀, 리스페리돈, 아리피프라졸 등

② 부작용 : 체중 증가, 당뇨 위험, 근육 경직, 불수의 운동, 정서 둔화, 추체외로 증후군 등

(5) 기분 조절제

① 대표 약물 : 리튬, 발프로산(디발프로엑스), 라모트리진 등

② 부작용 : 손 떨림, 갑상선 기능 저하, 신장 기능 문제, 체중 증가, 졸림 등

(6) 자극제(주의력결핍과잉행동장애 치료제)
① 대표 약물 : 메틸페니데이트(콘서타, 리탈린), 암페타민제(애더럴) 등
② 부작용 : 불면증, 식욕 감퇴, 불안, 심박수 증가, 충동성 강화 등

(7) 기타 도파민 작용제 및 파킨슨병 치료제
① 대표 약물 : 프라미펙솔, 로피니롤 등
② 부작용 : 충동조절 장애(도박, 과소비, 과식, 성행동 증가), 환각 등

나는 특히 충동조절 장애에 대해 깊이 공부했다. 관계에 대한 과도한 집착, 순간적인 쾌락을 좇는 행동, 반복되는 자기혐오와 후회! 그 모든 것은 단순히 내 욕망의 문제가 아니었다. 실제로 몇몇 도파민 작용 약물은 도박, 쇼핑, 성적 행동의 조절에 심각한 영향을 미칠 수 있다는 논문을 보았다. 부끄럽고 은밀한 그들의 고백들 안에서, 나는 나를 보았다.

다행인 점은 대부분의 부작용은 인체에 해가 없다. 시간이 지나면 저절로 없어지거나 정도가 약해지기 때문에 부작용이 나타났다고 의사와 상의 없이 약을 끊어서는 절대 안 된다.

다음은 스스로 극복할 수 있는 가벼운 부작용과 그 극복 방법이다.

① 햇볕에 노출되면 눈이 따갑고 피부가 쉽게 탄다. → 선글라스, 자외선 차단제 사용
② 입이 마르다. → 물 자주 마시기, 무설탕 껌이나 사탕 활용
③ 속이 거북하다. → 죽 섭취, 물을 조금씩 마시기
④ 변비 → 물과 채소 섭취, 우유나 레몬 주스 마시기
⑤ 어지러움 → 앉았다가 천천히 일어나기
⑥ 피로감 → 중간 중간 휴식, 의사와 복용 시간 조절 상담
⑦ 피부 건조 → 순한 제품 사용, 보습제 바르기
⑧ 근육 긴장이나 안절부절 못함 → 가벼운 운동, 이완 운동
⑨ 체중 증가 → 규칙적인 식사와 운동, 고열량 음식 피하기

그러나 아래와 같은 부작용이 나타날 경우는 그 증상이 더 악화될 수 있으므로 즉시 정신과 의사와 상의해야 한다.

① 시야 흐림
② 침 흘림, 삼키기 어려움
③ 전신 떨림 및 근육 강직

④ 심한 설사 또는 변비
⑤ 피부 발진
⑥ 성 기능 문제 또는 생리 불순
⑦ 소변 보기 어려움
⑧ 지연성 운동장애 : 혀, 입, 사지의 비자발적 운동

특히 장기간 약물을 복용할 경우 나타날 수 있는 지연성 운동장애는 입술 씰룩이기, 혀 내밀기, 입안 움직임, 손발 떨림, 전신 비틀림 등의 증상으로 나타난다. 이럴 경우 반드시 전문의와 상의해 약물 조정을 받아야 한다.

약 부작용에 대한 자료를 찾던 중 나는 여러 환자들의 경험담을 만나게 되었다. 그들의 증언 역시 모두 내가 겪었던 증상과 유사했다.

정○○씨(48세)는 7년간 복용하던 수면제를 끊으면서 체온 조절 이상, 근육통, 구토, 심지어 자살 충동까지 경험했다.
"사람이 살고 싶다고 생각해도 죽을 수 있다."
이 말을 처음 실감했다고 고백했다. 또한 그는 말했다.
"약을 끊는 것이 얼마나 위험한 일인지 처음부터 들었다면 다른 선택을 했을지도 모른다." (한겨레신문, 2023. 11. 6.)

'함께하는 약 선택을 통한 회복 실천 운동'(함약회)은 이러한 문제의식을 바탕으로 "정신과 약은 신중하게 선택되어야 하며, 효과와 부작용에 대해 환자와 의사가 충분히 소통해야 한다"라고 주장하고 있다. 정신건강의학과 전문의 장창현 박사는 "정신과 약은 뇌에 작용하는 약물이므로 사람마다 반응이 매우 다르다. 그 반응과 부작용을 충분히 나눌 수 있는 관계와 구조가 중요하다"라고 밝혔다. (국립정신건강센터 보도자료, 2023. 4. 22.)

배○○씨(30세)는 우울증과 공황장애로 오랜 기간 항우울제를 복용하면서 근육통에 시달렸다. 하지만 그의 의사는 오히려 약을 증량하자고 했다고 한다. 그는 강조했다.
"내게 맞는 약을 찾는 과정과 고통은 온전히 환자의 몫이다. 약을 선택하는 과정에서 의사와 환자의 충분한 소통이 필요하다." (한겨레신문, 2023. 11. 6.)

이 기사는 환자가 자신의 병을 인지하고 치료해 나가는 데 있어서 환자 자신이 주체가 되어야 하는 것이 얼마나 중요한 일인지에 대해 다시 한번 확인시켜 주었다.

실제로 몇몇 도파민 작용 약물은 도박, 쇼핑, 성적 행동의 조절에 심각한 영향을 미칠 수 있다는 논문을 보았다. 부끄럽고 은밀한 고백들 속에서, 나는 나와 같은 사람들을 많이 만날 수 있었다. 이러한 정보들을 알게 된 이후 나는 약의 부작용을 이전처럼 두려움만으로 바라보지 않게 되었다. 그것은 이해의 대상이었고, 회복을 위한 실마리이기도 했다. 내가 겪는 고통은 약물의 영향을 포함한 것임을 받아들이고 나니, 비로소 그것을 넘어서는 용기 또한 싹틀 수 있었다.

나는 이 병을 앓고 있고, 이 약을 먹고 있으며, 그로 인해 때로는 흔들리지만, 그 또한 나의 삶이고 나의 싸움이었다. 그리고 그 싸움은, 내가 나를 위해 선택한 싸움이었다. 이제 나는, 수동적인 환자가 아닌 능동적인 이해자가 되고 싶다. 약을 먹는다는 것은 단순히 고통을 줄이는 일이 아니라, 그 고통을 만든 뇌와 마음을 이해하려는 노력의 시작이다. 그리고 그 이해는, 편견 없이 우리를 바라볼 수 있는 새로운 눈을 만든다.

03

이렇게 다시
살아가고 있다

"나는 어제로 돌아갈 수 없어. 왜냐하면 나는 그때와 다른 사람이기 때문이야(I can't go back to yesterday because I was a different person then) - 이상한 나라의 앨리스(Lewis Carroll)"

글을 쓰는 동안 나는 비로소 진짜 나를 만났다. 스스로를 설명하기 위해 문장을 다듬는 시간 속에서, 나의 고통과 욕망, 실패와 용서받지 못한 기억들이 조용히 제자리를 찾아가기 시작했다. 처음엔 그저 살아남기 위한 기록이었다. 너무 많은 감정이 순간 폭발했고, 눈물이 쏟아졌다. 글을 쓴다는 것은 나를 마주하는 일이며, 동시에 나를 위로하는 일이기도 했다. 그것은 일기장을 넘어선 삶의 회복이었고, 때로는 진단서보다 정확한 자기 보고서였다. 단어들이 문장을 이루고, 문장들이 나의 고통을 서사로 바꾸는 과정에서, 나는 내가 누구인지 다시 발견해 나갔다.

『중독되다, 중독하다』라는 책은 그렇게 시작되었다. 나는 특별한 용기나 사명을 가지고 이 책을 쓴 것이 아니다. 단지 나 자신의 상처를 꿰매기 위한 바느질처럼, 조용히 내 파편들을 이어 붙이는 마음으로 시작했을 뿐이다. 상처는 봉합되기를 원하지 않아도, 그 흐름과 온도를 기록하는 일은 생존의 일부였다.

나는 회상한다. 처음 이 글을 쓰기 시작했을 때, 누군가에게 희망을 주기 위해서였던 것은 아니다. 오히려 나 자신에게 말하고 싶었다.
"나는 이런 사람이에요."
그 말 한마디를 온전히, 진실하게, 그리고 조금은 조심스럽게 꺼내기 위한 글이었다. 내 마음을 치유하기 위한 가장 사적인 행위였고, 만약 이 기록이 누군가에게 닿는다면, 그것이 고통 속을 헤매는 누군가에게 작은 위안이 되기를 바랐다. 언젠가, 누군가가 벗어나기 힘든 어떤 중독에 빠졌을 때, 이 이야기가 한 줄기 숨구멍이 될 수 있다면, 그것만으로도 이 글의 의미는 충분하다고 믿었다.

나는 글을 쓰면서 처음으로 나의 이야기를 타인의 시선으로 바라볼 수 있었다. 어쩌면 관계중독이라는 주제는 너무 사적인 동시에 너무 보편적인 문제였다. 많은 이들이 말하지 않았을 뿐, 누구나 한 번쯤 그 유혹의 강을 건너려 했고, 어떤 이는 그 강에 떠밀려 갔다. 나는 그 강에서 허우적대던 사람이었고, 살아 돌아와 나의 젖은 옷을 말리는 동안 그 기록을 남기고 싶었던 것이다. 내 젖은 옷에 밴 냄새와 감촉, 그 체온의 흔적까지도 글로 남기고 싶었다. 글은 내 상처를 부끄러워하지 않게 만들었고, 그 부끄러움이 누군가의 위로가 될 수 있음을 알게 해주었다.

책 『중독되다, 중독하다』는 나의 고백이면서, 동시에 내 안에 웅크려 있던 또 다른 나의 연대였다. 한때 나는 만남이라는 이름의 중독에 빠져 수많은 사람을 만났고, 그 속에서 존재감을 확인받으려 했다. 사람들을 만날수록 나는 공허해졌고 사람들의 숫자가 늘어날수록 나는 더 작아졌고, 결국 완전히 비워진 채로 바닥에 닿았다. 그 바닥은 냉정했고, 말없이 나를 삼켰다.

그곳에서 나는 처음으로 '너는 누구야'라는 질문을 들었다. 그 물음은 단순했지만, 너무도 깊고 날카롭게, 나의 뼛속까지 스며들었다. 나는 그 물음에 대답하기 위해 펜을 들었다. 자극적인 고백이 아니라, 스스로를 이해하기 위한 생존의 기록이었다. 나를 구해줄 누군가를 기다리기보다, 내가 나를 알아가야 한다는 절실함에서 비롯된 시작이었다.

글을 쓰는 매 순간, 나는 나의 과거를 직면했고, 내 안의 감정과 기억, 그리고 부끄러움까지 하나하나 마주해야 했다. 그것은 한 장씩 벗겨내는 행위였고, 날것의 감정과 직면하는 과정이었다. 어떤 날은 글을 쓰다 손끝이 얼어붙었고, 어떤 날은 눈물이 키보드 위로 떨어졌다. 글쓰기는 고요하지만 치열한 수술이었다. 외과적 절개 없이, 그러나 내면을 가장 깊숙이 드러내는, 나를 꿰매고 살리는 문장들이었다. 나는 글을 통해, 찢어진 나를 다시 바느질해 나갔다.

책이 출간되었을 때, 낯설고 조심스러웠다. 내 이야기가 누군가에게 읽힌다는 사실이 두렵기도 했다. 그러나 뜻밖에도 많은 사람이 메시지를 보내왔다.
"나도 그런 경험이 있어요."
"당신 덕분에 내 감정을 처음으로 이해했어요."
그 말들 하나하나가 나를 일으켜 세웠다. 나의 글이 누군가의 내면을 움직였다는 사실은, 내가 여전히 누군가에게 다가

갈 수 있는 존재임을 확인시켜 주었다. 내가 누군가에게 거울이 될 수 있다는 것은, 내가 나를 제대로 바라보았기 때문이라는 확신을 주었다.

그리고 지금, 나는 두 번째 책을 쓰고 있다. 이번에는 '살아내기 위한 기록'이 아니라, '살아가고 있는 나의 증언'을 남기기 위해서다. 첫 번째 책이 상처를 직시하고 고백하는 책이었다면, 두 번째 책은 그 상처와 함께 살아가는 방식에 관한 이야기다. 나는 이제 부끄러움보다는 확신으로 문장을 꿰매고 있고, 두려움보다는 용기로 한 문장 한 문장을 눌러 적고 있다. 아직 완전히 회복되지 않았지만, 나는 회복의 언어를 말할 수 있게 되었다. 다시 무너질지 모른다는 두려움은 여전하지만, 글을 쓰는 동안만큼은 그 두려움에 휘둘리지 않는다. 무엇보다도 글을 쓰는 이 순간, 나는 내가 나를 포기하지 않고 있다는 확신한다. 글쓰기란 나를 가장 깊이 들여다보는 작업이자, 동시에 나를 가장 멀리 건져 올리는 구명줄이기 때문이다.

나는 알고 있다. 내 글을 읽는 누군가는 지금 어두운 방 안에서 천장을 바라보고 있을지도 모른다. 글을 쓸 힘도, 말할 용기도 없이 눈을 감고 있을 수도 있다. 그 마음을 알기에, 나는 계속 써 내려간다. 누군가에게는 글이, 문장이, 한 문단의 숨결이 살아있는 증거가 될 수 있으니까.

 이 책을 통해 나는 여전히 병의 그림자 속에 있으나, 그 안에서도 길을 찾고 있다는 것을 기록하고자 한다. 그리고 누군가가 이 길 끝에서 '나도 걸어가 볼 수 있겠다'라는 용기를 얻는다면, 그것으로 충분하다. 나는 아직도 내 상처를 다 쓰지 못했고, 아직 다 아물지 않았지만, 그 상처 위에 쓴 문장들은 더는 나를 찢지 않는다. 그리고 나는, 이렇게 다시 살아가고 있다.

지금을 살아가는 당신의 이야기…
나는 말하고 싶다. 당신의 이야기도 언젠가
누군가에게 빛이 될 수 있다고!

무너짐은 부끄러운 것이 아니다.
부끄러운 것은 다시 일어서려 하지 않는 것이다.

제5부.
그들에게 샴페인을

01
우리는 조금씩 나아가고 있다

"세상은 고통으로 가득하지만, 그것을 극복하는 사람들로 가득하다(Although the world is full of suffering, it is also full of the overcoming of it) - 헬렌 켈러(Helen Keller)"

고통은 불청객처럼 찾아온다. 예고도 없이 들이닥치고, 때로는 설명할 수 없는 형태로 나를 뒤흔든다. 내게 그것은 중독이라는 얼굴을 하고 있었다. 감정의 결핍, 무기력의 습관, 어딘가로부터 도망치듯 반복하던 관계의 패턴들! 이 모든 혼란의 밑바닥에는 오래전부터 묵은 상처들이 조용히 쌓여 있었다. 나는 그것이 고통인지도 모른 채, 그 안에서 천천히 가라앉고 있었다.

하지만 어느 날, 나는 나만의 고통이 아니라는 사실을 조금씩 알아갔다. 세상에는 나처럼 상처를 가진 사람들이 있다는 걸, 그리고 그 상처를 이겨낸 사람들도 있다는 걸 알게 되었다. 그 깨달음은 어둠 속의 불빛처럼, 한밤중에 들려오는 낮은 위로의 말처럼 내 마음속에 스며들었다. 그리고 그 위로의 출발점이 되어준 사람이 바로 헬렌 켈러였다.

보고, 듣고, 말할 수 없는 절망 속에서 그녀는 멈추지 않았다. 그녀는 시련을 받아들이는 데서 그치지 않고, 그것을 통해 새로운 삶의 방식을 만들어냈다. 그녀가 남긴 말, "세상은 고통으로 가득하지만, 그것을 극복하는 사람들로도 가득하다"는 문장은 내가 다시 걷기 시작하게 만든 문이었다. 헬렌 켈러의 말은 내게 이정표가 되어주었고, 그 말의 의미를 실감하며 나는 나 자신에게 이렇게 되뇌었다.
'지금 내가 겪는 이 고통도 언젠가 극복될 수 있다면, 그것은 분명히 누군가에게 또 다른 희망이 될 수 있을 거야.'

세상은 수많은 이들의 고통과 극복의 이야기로 채워져 있다. 예를 들어 배우 드류 배리모어는 어린 시절부터 알코올과 약물 중독에 시달렸지만, 끝내 그것을 이겨내고 현재는 두 아이의 엄마이자 방송 진행자, 작가로 활동 중이다. 가수 데미

로바토는 정신질환과 약물 의존으로 몇 차례 생사의 경계를 넘나들었지만, 자신이 겪은 모든 고통을 솔직하게 기록하고 사람들과 나누며 회복의 길을 만들어 가고 있다. 이들의 이야기는 단지 유명인들의 인생 역전 드라마가 아니다. 그것은 고통에서 회복으로 나아가는 보통 사람들의 이야기, 바로 우리의 이야기다.

나는 그중에서 내 맘을 울린 5명의 이야기를 소개하려 한다. 나도 한때는 그들과 같은 절망 속에 있었다. 감정은 쉽게 폭주했고, 작은 일에도 흔들렸으며, 관계는 쉽게 무너졌다. 내가 겪은 중독은 완전히 끝나지 않았다. 그것은 아직도 내 마음속 어딘가에서 그림자처럼 도사리고 있다. 그러나 나는 이제 그 그림자와 싸우는 법을 안다. 때로는 일기장에 솔직하게 감정을 쏟아내고, 때로는 내 안의 분노와 슬픔을 음악으로 흘려보내며, 때로는 산책길의 바람에 나를 맡기면서 말이다.

무너짐은 부끄러운 일이 아니다. 부끄러운 것은 다시 일어서려 하지 않을 때 찾아온다. 그 진실을 깨닫기까지 나는 많은 시간과 눈물을 흘려야 했다. 그리고 이제는 내가 무너지던 자리에서, 다시 일어선 경험을 통해 누군가에게 말할 수 있다. 당신의 고통은 혼자의 것이 아니며, 당신의 싸움은 분명의미가 있다는 것을 말이다.

　당신이 지금 깊은 밤을 지나고 있다면, 나는 말하고 싶다. 당신의 이야기도 언젠가 누군가에게 빛이 될 수 있다고! 당신이 버텨낸 그 시간들이, 언젠가는 회복의 언어가 되어 누군가의 절망을 덜어줄 수 있다고! 나는 그 가능성을 믿는다.

　세상은 여전히 고통으로 가득하지만, 그것을 이겨내는 사람들로도 가득하다. 그리고 나 역시, 그 사람들 중 하나가 되고 싶다. 오늘 하루를 살아낸 나를 안아주며, 나는 내일도 이 길을 걸어갈 것이다. 완전한 회복이란 없더라도, 나를 무너지지 않게 붙들어 주는 무언가가 있다는 사실만으로도, 나는 다시 시작할 수 있다. 그리고 당신도 그럴 수 있다. 우리는 함께, 조금씩 나아가고 있다.

　그리고
　고통을 이겨내 돌아온 우리에게 샴페인을!

02
나는 이제, 사라지지 않기로 했다

"나는 약을 끊은 것이 아니라, 내 인생을 다시 사랑하게 된 거야(I didn't quit drugs. I fell back in love with my life) - 로버트 다우니 주니어(Robert Downey Jr)"

"로버트 다우니 주니어, 토니 스타크로 돌아오다!"
토니 스타크! 영화 속 슈퍼 히어로였고, 나에겐 그냥 화려한 캐릭터일 뿐이었다. 하지만 어느 날 영상 속에서 그를 연기한 로버트 다우니 주니어의 이야기를 듣게 되었다. 그저 멋진 배우라고만 생각했던 사람이, 한때 삶의 바닥까지 내려갔던 사람이었다는 사실은 내게 호기심을 일으켰다. 나는 그가 어떤 길을 걸었는지 몰랐다. 그가 무너졌고, 다시 일어섰다는 그의 이야기는 그날 내 마음을 울렸고, 나도 다시 살아볼 수 있을까? 그런 생각이 아주 작게 마음 끝에서 움트기 시작했다.

그는 아주 오랫동안 추락하고 있었다. 파티가 끝난 새벽, 뒷골목에서 홀로 술에 취해 비틀거리던 모습, 리허설에 나타나지 않은 날의 공허한 대기실, 법정에서 고개를 들지 못한 날까지! 천천히, 그의 삶은 무너지고 있었다. 사람들은 그를 '천재'라 불렀지만, 그는 천재이기 이전에 '길을 잃은 아이'처럼 보였다. 아홉 살, 그는 처음으로 마리화나를 손에 쥐었고, 이후 코카인과 헤로인은 그의 삶을 지배해 그림자처럼 따라붙었다. 스포트라이트는 점점 눈부셔졌지만, 그 눈부심 이면에는 늘 혼자 있는 어둠이 있었다.

나는 그가 약물에 무너졌다는 이야기를 들었을 때, 단지 유명인의 추락쯤으로 여겼다. 하지만 그가 법정에 서고, 촬영장에서 쫓겨나고, 모든 것을 잃어버리던 시기의 인터뷰들을 보면 가슴이 아팠다. 그는 누군가의 이름이 아니라, 한 인간의 고통이었다. 그리고 그 고통은, 내가 알고 있는 것과 놀랍도록 닮아 있었다.

그에게도 끝끝내 무너지지 않은 무언가가 있었다. 사랑이었다. 수잔, 그녀는 그가 추락하는 동안 손을 놓지 않았다. 그의 무너짐에 등을 돌리지 않았고, 절망의 언저리에서 오히려 더 깊이 다가갔다.

"당신은 이렇게 끝날 사람이 아니에요."

그 한마디가, 다 타버린 채 재가 되어가는 그에게 다시 불씨를 던졌다.

그는 매일 아침 정해진 시간에 일어나 명상으로 하루를 시작했다. 빠르게 걷고, 땀을 흘리고, 하루 세 끼를 스스로 준비했다. 어깨를 숙이고 말없이 앉아 있던 그가, 다시 몸을 세우고 자기 자신에게 집중하며 약물 대신 규칙적인 생활, 도피 대신 상황과 마주하며 그는 달라지기 시작했다. 그 변화는 치열한 자신과의 싸움이었지만, 조용히 그리고 단단하게 지속되었다. 그의 이야기를 따라가며 나는 단지 한 사람의 재기가 아닌, 삶으로 돌아온 누군가의 용기를 보았다. 누군가는 그를 영웅이라 부르지만, 나에게 그는 무너졌다가 다시 일어선 사람, 그 자체였다.

그가 토니 스타크가 되어 나타났을 때, 사람들은 그의 복귀를 '기적'이라 불렀다. 한 매체는 "할리우드 역사상 가장 인상적인 재기"라 표현했고, 팬들은 "그는 단지 돌아온 것이 아니라, 완전히 다시 태어난 것"이라고 말했다. 나는 그 기적이 단지 영화 속 성공 때문은 아니라고 생각했다. 그는 더 이상 영웅의 역할을 연기하는 배우가 아니었다. 그는 자신을 구한 사람, 자기 인생을 다시 사랑하게 된 한 사람의 이야기였다. 그는 대중에게 이렇게 말했다.

"나는 단지 약을 끊은 게 아니라, 내 인생을 다시 사랑하게 된 거예요."

나는 이 문장을 오래 생각했다. 끊는다는 말에는 무언가를 억지로 떼어낸다는 고통이 있지만, 사랑하게 된다는 말에는 다시 살기로 한 사람의 처절한 의지가 있었다. 중독은 무언가에 빠진 것이 아니라, 어쩌면 삶에서 멀어진 결과일지도 모른다. 그는 삶으로 돌아왔다. 나는 그 문장 안에서 나를 다시 읽었다.

이 이야기는 그에 대한 기록이 아니라, 그를 통해 나를 다시 바라본 기억이다. 철의 심장을 단 남자는 결국, 다시 맨몸으로 살아가는 법을 배웠다. 나도 지금, 나만의 갑옷을 벗고 다시 걷고 있는 중이다. 아직 어딘가 아프고, 아직 어딘가 불완전하지만 말이다. 그리고 그의 복귀보다 더 눈부신 것은, 그가 사라지지 않았다는 사실이다. 나는 이제, 그렇게 사라지지 않기로 했다.

03
괜찮아, 너는 아직 여기 있어

"나는 나를 미워하지 않아. 다만 너무 무서웠어(Je ne me détestais pas. J'avais juste très peur) - 아리안 포르니아(Ariane Fornia)"

어린 시절, 나는 먹는다는 것이 곧 숨는 일이라고 믿었다. 말하고 싶지 않은 것들이 많았고, 말할 수 없는 감정이 더 많았다. 감정을 삼키듯 음식을 넘겼고, 불안을 달래듯 케이크 위의 설탕을 혀끝으로 훑드렸다. 폭식과 거식은 내 안에서 하루에도 몇 번씩 서로 자리를 바꿨다. 한밤중에 냉장고를 열어 무엇이든 입에 넣으며 손끝이 떨리던 날도 있었고, 다음날엔 아무것도 먹지 않은 채 스스로를 버티는 방식으로 존재를 증명하던 날도 있었다. 먹는다는 행위는 때로 살아있다는 증거

같았고, 또 어떤 날은 조금씩 죽어가는 과정처럼 느껴졌다. 나는 그 경계 어딘가에 조용히 매달려 있었다.

아리안 포르니아(Ariane Fornia), 프랑스 정치인 에리크 브레송(Eric Besson)의 딸로, 어린 시절부터 공적 시선 안에 놓인 삶을 살아야 했던 그녀는, 겉으로는 안정된 가정의 모범적인 딸이었지만 내면에서는 누구보다 깊은 외로움과 통제할 수 없는 감정의 소용돌이를 견뎌야 했다.

그녀는 섭식장애, 특히 폭식증과 거식증을 번갈아 겪으며 삶의 균형을 잃었고, 그 고통을 글로 토해내기 시작했다. 그녀의 이야기를 처음 읽었을 때, 나는 페이지를 덮지 못했다. 한 줄 한 줄이 내 속에 있던 오래된 고통을 상기시켰다. 그녀는 폭식증이라는 단어로 정리되지 않는 감정의 그릇을 끌어안고 있었다. 그 누구도 그녀에게 그것이 슬픔이라고 말해주지 않았다.

어린 시절의 상처는 이름 없이 자라난다. 그녀의 폭식은 단지 배가 고파서가 아니었다. 아무도 들어주지 않는 외침, 아무도 보지 않는 눈물! 음식은 그것을 덮는 담요였고, 동시에 방패였다. 세상의 냉혹함으로부터 자신을 지켜내기 위한 유일한 무기! 아무도 없는 방에서 조용히 냉장고 문을 열고, 남겨진 푸딩을 꺼내는 순간! 그것을 먹으며 울음을 삼키고, 그 달콤함에 잠시 현실을 잊는 일! 음식은 그렇게 그녀의 울타리이자 은신처가 되어주었다. 하지만 결국, 그것은 칼날이 되어 되돌아왔다. 거식과 폭식, 몸무게와 자책, 체중계 위에서 삶의 가치가 오르내렸다.

나는 그녀가 허겁지겁 무언가를 입에 넣던 장면보다, '더 이상 먹고 싶지 않은 날'에 대해 말하던 장면이 더 아팠다. 음식을 거부하는 일이 아니라, 자신이 존재할 자격조차 없다고 느끼는 고백처럼 들렸다. 나는 그 깊은 슬픔에 오랫동안 머물 수밖에 없었다. 그것은 존재의 부정이었다.
"나는 내가 싫지 않았다. 다만 너무 무서웠다."
그녀의 이 말은 마치 고백 같았고, 동시에 용서 같았다. 자신을 향한 두려움이 얼마나 사람을 조용히 부수는지를 나는 알고 있었다.

그녀는 어느 날부터 글을 쓰기 시작했다. 음식 대신 단어를 삼켰고, 문장을 토해냈다. 누구에게 보여주지 않아도 좋았고, 누가 읽지 않아도 상관없었다. 그저 그녀가 자신을 바라볼 수 있는 방법이 필요했을 뿐이었다. 그렇게 쓴 글은 『La traversée d'une vie』(한 생의 건너기)라는 제목의 책이 되었고, 그녀는 작가가 되었다.

우리가 진짜로 견뎌내야 하는 것은 배고픔이 아니라, 이유 없이 자신을 미워하게 되는 마음이라는 것을 말하고 싶다. 먹는다는 행위는 결국, 자신에게 말을 거는 방식일지도 모른다.
'괜찮아, 너는 아직 여기 있어.'
그렇게 한 입씩, 그녀는 자신을 다시 삼켜내고 있었던 것이 아니었을까? 나도 이제야 조금씩, 내 안의 감정을 있는 그대로 꺼내어 앉힐 수 있게 되었다. 먹지 않아도 괜찮은 날이 있다는 것을, 먹는다는 것이 무언가를 감추는 일이 아닐 수도 있다는 것을 그녀를 통해 배웠다. 누군가의 회복이 이렇게 조용히, 그러나 깊게 내게 말을 걸어올 줄은 몰랐다. 그리고 그 말은 지금도 내 안에 있다.
'괜찮아, 너는 아직 여기 있어.'

04
자신을 다시 세운
사람의 이야기

"국밥이란 것이 이렇듯 뜨거운 걸 삼켜야 하는 음식인 줄 난생처음 알았다 - 이대보 『게임중독 대보, 서울에 가다』 저자"

중독에 관한 글을 쓰던 어느 날이었다. 나는 여러 자료를 뒤지다가 한 권의 책을 발견했다. 제목은 이랬다.
『게임중독 대보, 서울에 가다』
다소 직설적인 제목에 잠시 멈칫했지만, 첫 장을 넘기자 금세 빠져들었다. 이 책은 게임중독이라는 고질병을 정면으로 마주한 한 청년의 고백이자, 공부를 통해 자신을 다시 세운 사람의 이야기였다.

책의 저자 대보는 이렇게 시작한다.

"부끄러운 고백을 하자면, 저는 게임 중독자였습니다."

초등학교 2학년 때부터 고등학교 1학년까지, 해보지 않은 게임이 없을 정도였다고 했다. 리니지를 밤새 구경하며 게임 세계에 발을 들인 그는, 서든어택의 총소리 속에서 밤을 지새우며 현실을 멀리했다. 하루에 5~6시간은 기본! 컵라면 두 개로 이틀을 버티며 게임에 몰두했던 시절이 있었다. 그러나 그에게 다가온 현실은 냉혹했다. 어머니가 떠난 빈자리를 할머니가 채웠고, 아버지는 다친 팔로 공사장에서 일하며 가족을 부양했다. 대보는 조용히 슬퍼했고, 무기력하게 게임이라는 가상 현실로 숨었다. 게임 속의 그는 용감한 전사이자 칭송받는 리더였다.

그러던 어느 날, 그는 가상의 세계에서 현실의 세계로 깨어났다. 왼팔을 제대로 쓰지 못하면서도 아들을 위해 국밥을 날랐던 아버지! 국밥집에서 아버지가 쟁반을 떨어뜨리는 사고가 일어난다. 그 뚝배기의 뜨거움이, 대보에게는 삶을 다시 마주할 이유가 되었다. 그는 결심했다. 모니터 속의 총 대신 현실의 펜을 들겠다고! 익숙했던 게임의 몰입력, 퀘스트를 깨던 그 집중력을 공부에 가져오기로 말이다.

변화는 쉬운 일이 아니었다. 공부는 익숙하지 않았고, 손은 떨렸으며, 앉아 있는 것조차 견디기 어려웠다. 하지만 그는 연필을 쥐고 교과서를 베끼며 손을 붙잡았다. 책을 소리 내어 읽으며 집중을 되찾았다. 익숙했던 게임식 훈련을 공부에 접목시켰다.

'야자 시간에 국어 교과서 30쪽 읽기'

'쉬는 시간 동안 단어 5개 외우기'

스스로에게 짤막한 퀘스트를 부여했고, 어려운 수학 문제를 풀 때는 '몬스터 처치'라 생각하며 집중했다.

시간이 흐르며 그는 그렇게 바뀌어 갔다. 말없이 게임에 중독되어 있던 소년은, 서울대에 합격한 청년이 되었다. 게임중독이라는 질긴 사슬을 끊어낸 뒤, 그는 몰입과 끈기를 현실에 이식하는 법을 스스로 터득했다. 결핍과 절망 속에서 자신을 살려낸 공부는 단순한 도구가 아니라, 그를 다시 사람답게 살아가게 만든 길이었다. 그는 말한다.

"공부는 나에게 선물이었습니다."

나는 이 책을 덮고 한참을 앉아 있었다. 한 청년의 고백이자 성장의 기록이, 중독을 다룬 나의 글 속에서도 가장 뜨겁고 인간적인 이야기로 남았다. 어쩌면 중독에서 회복된다는 건, 단지 무엇을 끊는 일이 아니라, 다시 살아낼 이유를 찾는 일이 아닐까? 대보에게 그것은 공부였고, 그 시작은 뚝배기 하나의 온기였다. 그래서 나는 이 이야기를, 꼭 이 책 속에 담고 싶었다. 나에게도, 그리고 누군가에게도 그런 뚝배기 같은 순간이 찾아오기를 바라며 말이다.

05
다시 무너지지 않기 위해

"감정은 사라지지 않아. 꺼내 보이는 것, 그것이 우리가 할 수 있는 일이지(Emotions don't disappear. Showing them, that's what we can do) - 브래드 피트(Brad Pitt)"

중독에 대한 글을 써오던 어느 날, 나는 브래드 피트의 인터뷰를 우연히 읽게 되었다. 뉴욕타임스에 실린 그의 고백은, 배우라는 화려한 껍질을 벗은 한 사람의 연약하고도 진실한 내면을 드러내고 있었다. 그는 말했다.
"나는 술을 마시는 특권을 내게서 박탈했다."
왜 그는 '특권'이라 표현했을까? 그리고 왜 그것을 스스로 내려놓아야 했을까?

브래드 피트는 오랫동안 세계가 주목하는 배우였고, 화려한 삶을 살아온 사람이었다. 하지만 2016년, 안젤리나 졸리와의 결혼이 파국을 맞으며 그의 음주 문제가 수면 위로 떠올랐다. 전용기 안에서 벌어진 다툼, 그리고 이어진 이혼! 그는 결국 자신이 술이라는 중독과 조절되지 않는 감정에 지배당하고 있었다는 것을 인정하게 되었다.

이후 그는 1년 반 동안 '익명의 알코올중독자들(AA)' 모임에 참여했다. 그곳에서 그는 자신과 비슷한 문제를 가진 사람들과 마주 앉아, 서로의 취약한 면을 꺼내놓고 이야기를 나누었다. 그는 그 경험을 이렇게 회상했다.

"나 자신의 추한 면을 드러냄으로써 자유로워질 수 있었다."

그 말은 나에게도 깊게 와닿았다. 중독의 치유는 감추는 데서가 아니라, 드러내는 데서 시작된다는 것! 그것이 내가 이 글을 시작한 이유이기도 하다. 피트는 술을 내려놓고, 대신 일과 예술로 삶을 다시 붙잡았다. 그는 영화 〈애드 아스트라〉를 찍으며 상실과 고통을 연기로 풀어냈고, 그 작품 안에서 스스로를 투영해 캐릭터를 연구했다고 한다. 감독 제임스 그레이는 그를 두고 말했다.

"피트는 자신의 상황을 투영시켜 캐릭터를 연구했다."

이제 그는 더 이상 '멋진 남자, 즉 할리우드의 이상적인 남성상'으로 남기를 원치 않는다. 스스로의 감정을 감추기보다 꺼내놓고, 정직한 방식으로 연기하고 살아간다.

"우리는 모두 고통과 슬픔, 상실을 겪으며 살아가지 않나? 대부분은 감정을 숨기지만, 사라지지 않아요. 우리는 그 상자를 꺼내 보여야 해요."

그의 연기는 이제 진실을 향한다. 외모나 이미지보다, 감정을 드러낼 줄 아는 용기! 회복을 말할 수 있는 솔직함! 그것이 그의 연기이자, 그가 선택한 삶이다. 술 대신 조각과 조경, 그리고 영화 제작에 몰두하고 있다. 〈노예 12년〉, 〈옥자〉 같은 작품은 그가 세상에 남긴 회복의 언어다. 그의 삶은 완벽한 변화의 서사가 아니다. 하지만 그는 지금도 걷고 있다. 다시 무너지지 않기 위해, 어제보다 조금 더 자기 자신으로 살기 위해.

이 글을 쓰는 나는, 그가 회복 중이라는 사실만으로도 위로를 받는다. 브래드 피트의 고백은, 어딘가에서 조용히 무너지고 있는 누군가에게 지금도 '괜찮다'는 말을 건네고 있을지도 모른다.

06
내가 누구인지
잊어버리고 있었다

"나는 더 이상 모든 사람에게 보이고 싶지 않아요(I don't need to be seen by everyone anymore) - 셀레나 고메즈(Selena Gomez)"

이 글을 쓰기 전까지 나는 '중독'이란 단어를 아주 조심스럽게 다뤄야 하는 단어라고만 생각했다. 술, 약물, 도박처럼 중독이라는 말에 익숙하게 따라붙는 명확하고 눈에 띄는 대상들처럼 위험한 단어이자 가까이해선 안 될 행동이었다. 그러나 중독은 생각보다 더 가까이 있고, 더 조용히 다가온다.

아침에 눈 뜨자마자 무의식적으로 휴대폰을 확인하고, 누군가의 피드에 올라온 일상을 보며 괜히 뒤처진 기분이 드는 순간들! 텅 빈 시간에 손이 스마트폰으로 먼저 향하는 그 습관들 속에 이미 우리는 작은 중독들과 함께 살아가고 있다. 어느 날 나는 셀레나 고메즈의 이야기를 읽었다. 그리고 알게 되었다. 우리의 시대가 앓고 있는 또 다른 중독, 바로 '보이는 존재'에 대한 갈망이었다. 사람들이 우울해지거나, 화가 나거나 하는 감정의 바닥엔 항상 존재에 대한 갈망이 깔려 있다. 이 갈망이 무시당할 때 사람들은 좌절하거나 분노하거나 포기한다. 그러나 아이러니하게 그 반대인 경우도 있다.

셀레나 고메즈! 소녀 시절부터 무대 위에서 자라온 사람! 인스타그램 팔로워 수가 전 세계 1위였던 시절, 그녀는 누구보다 많이 보였고, 누구보다 많이 관찰당했다. 그런데 그녀는 그 무대에서 스스로 내려왔다. 계정을 삭제했고, 스마트폰을 멀리했다. 그리고 말했다.

"나는 내가 누구인지 잊어버리고 있었어요."

그녀의 고백은 단순한 SNS 중단 선언이 아니었다. 그것은 자기 존재를 다시 찾기 위한 결단이었다. 스마트폰 화면이 삶의 기준이 되고, '좋아요' 수가 감정의 리듬이 되는 시대! 셀레나는 바로 그 세계에서 자신을 지키는 법을 배워야 했다. 셀레나의 이야기를 나누며, 나는 우리 모두에게 조심스럽게 하나의 질문을 건네고 싶었다.

"지금의 나는, 내가 원하는 모습인가? 아니면 누군가에게 잘 보이기 위해 꾸민 모습인가?"

그녀는 중독의 한가운데 있었다. 스마트폰이 아니라, 끊임없는 시선과 기대, 인정받고자 하는 마음의 회로! 우리는 그 회로 안에서 살아가고 있다. 나 역시 글을 쓰는 이 순간에도 누군가에게 읽히고 싶은 마음을 품고 있다. 하지만 셀레나는 말한다. 더 많이 보이는 것이, 더 많이 존재하는 것은 아니라고 말이다.

그녀의 선택은 고요함이었다. 세상의 소리를 끄고, 인스타그램 계정을 닫고, 산책을 시작하고, 심리 상담을 하고, 매일 밤 스스로에게 편지를 썼다. 그녀는 '멈춤'으로 다시 자신을 찾았다.
"오늘은 그저 내가 나로 살아낸 것만으로도 충분했어."
나는 이 글을 통해 셀레나의 회복을 조명하고 싶었다. 그것은 어떤 드라마틱한 복귀도 아니고, 눈물을 자아내는 성공담도 아니다. 그저 조용히, 매일 자신에게로 돌아가는 연습! 그녀가 회복을 위해 선택했던 그 조용한 방식들이, 어느새 내 일상에도 조금씩 스며들고 있었다. 나는 그녀의 이야기를 쓰면서 나 또한 휴대폰 화면을 내려놓는 연습을 시작했다.

디지털 중독은 지금 이 시대를 살아가는 많은 사람의 현실이자, 우리가 무심히 지나치기 쉬운 이야기일 수 있다. 셀레나 고메즈는 그 속에서 용기 있게 걸어 나왔고, 나는 그 길 위에 담긴 고백들을 독자에게 건네고 싶다.

잠깐 멈추자!
멈춘다고 해서 사라지지 않아.
어쩌면 그 길에 진짜 내가 서 있을지도…

지금을 살아가는 당신의 이야기…
나는 말하고 싶다. 당신의 이야기도 언젠가
누군가에게 빛이 될 수 있다고!

누구에게는 당연할 수 있는 것들이,
내게는 오랜 연습 끝에 겨우 얻은 귀한 일상이다.

제6부.
나에게 샴페인을

01
오늘 하루만 더 버티자

"오늘이란 평범한 날이지만 미래로 통하는 가장 소중한 시간이야(Today is a normal day, but it's the most precious time to the future) - 영화 UP(2009)"

햇살이 들지 않는 방 안에도 아침은 찾아온다. 커튼 사이로 흘러드는 옅은 빛이 벽에 부서질 때, 나는 그 무심한 빛조차 내 마음을 어루만지는 것 같아 멍하니 바라보게 된다. 내 어깨 위에 내려앉는 따뜻한 기척, 그것이 나를 오늘도 붙들어 준다. 문득 살아있다는 것을 느낀다. 아직 끝나지 않았다는 것! 아직 여기가, 지금 이 순간이, 내게 남아 있다는 것!

내가 견뎌온 시간은 길었다. 말로 다 설명할 수 없는 증상들과 감정의 기복, 이를테면 아침마다 찾아오는 원인 모를 불안, 예고 없이 밀려오는 눈물, 잠에서 깨는 순간부터 온몸이 무거운 날들의 연속! 어떤 날은 소리에 민감해지고, 어떤 날은 손끝 감각이 사라지는 듯했고, 가슴이 먹먹해져 말을 잇지 못했던 날도 있었다. 그 모든 감각들이 겹겹이 쌓여 내 일상은 쉽게 부서지는 유리 위를 걷는 것 같았다. 약물의 부작용, 사람들의 시선, 그리고 스스로에 대한 실망과 부끄러움! 그 모든 것이 한 덩어리가 되어 나를 짓눌렀다. 어떤 날은 정말이지 눈을 뜨는 것조차 고역이었다. 그럴 때마다 나는 다짐했다. 오늘 하루만 더, 오늘 하루만 더 버티자고!

시간은 나를 배신하지 않았다. 그 다짐들이 하나둘 쌓여, 나는 어느새 이렇게 살아있다. 숨을 쉬고 있고, 글을 쓰고 있고, 또 누군가와 이야기를 나누고 있다. 가끔은 감정이 일렁이고, 예기치 않게 우울이 몰려오기도 하지만, 더 이상 그 감정에 휩쓸리지 않는다. 나는 감정의 이름을 부르고, 그것과 함께 천천히 걸어가는 법을 배웠다. 마치 새벽녘 안개 속을 걷는 것처럼, 선명하지는 않지만 느껴지는 길이 있었다. 발끝에 전해지는 서늘함, 가슴속에서 천천히 피어오르는 불안, 그리고 그 불안을 조용히 안아주는 부자극! 그런 감각들이 나를 감정의 한복판에서 한 발짝씩 꺼내주었다.

아직도 내 안에는 상처가 남아 있다. 그 상처는 완전히 아물지는 않았지만, 더 이상 피를 흘리지는 않는다. 나는 그 상처를 감추지 않기로 했다. 오히려 그것을 드러냄으로써 누군가의 위로가 될 수 있다면, 그것만으로도 나는 충분하다고 생각한다. 모든 고통에는 끝이 있다는 말 믿지 않지만, 고통과 함께 살아가는 방법은 분명히 있다고 믿는다.

하루의 시작은 언제나 작고 평범한 행동들로부터 비롯된다. 하지만 그 단순함 속에는 내가 다시 살아내기 위해 쏟아야 했던 모든 힘이 응축되어 있다. 작은 움직임 하나에도 조심스러운 숨결이 스며들고, 따뜻한 머그컵을 손에 쥐는 순간마저도 어쩌면 기적처럼 느껴지는 날들이 있었다. 뜨거운 커피 한 잔, 귀를 간지럽히며 이어폰을 통과해 흘러 들어오는 음악, 잠깐의 햇볕 아래 얼굴을 내어주는 일! 그런 사소한 순간들이 내게는 생존의 기술이 되었다.

누구에게는 당연할 수 있는 것들이, 내게는 오랜 연습 끝에 겨우 얻은 귀한 일상이다. 사람들은 종종 내게 묻는다. 지금은 괜찮냐고, 완전히 나았냐고. 나는 대답한다.
"완치라는 단어를 믿지 않아. 내 병은 여전히 내 안에 있지. 나는 그것과 함께 숨 쉬고 아마 평생 함께 살아야 할 또 다른 나야."

　나는 내 병을 인정하고, 이해하려고 노력한다. 더 이상 숨기지 않는다. 고통을 감추려 하지 않고, 고독을 부끄러워하지 않는다. 내가 살아온 시간을 존중한다. 그리고 이 글을 읽고 있는 당신도, 제발 그렇게 해주었으면 좋겠다. 당신의 고통과 회복의 시간은 전혀 하찮지 않다고, 누구도 대신 걸어줄 수 없는 당신만의 길이라는 것을 기억해 줬으면 한다.

02
사람을 대할 때
불을 대하듯 하라

"다가갈 때는 타지 않을 정도로, 멀어질 때는 얼지 않을 만큼만(Approach close enough not to burn, but stay far enough not to freeze) - 그리스 철학자 디오게네스(Diogenes)"

삶은 흔히 관계의 거미줄 위에서 균형을 잡으며 걷는 일과도 같다. 너무 가까우면 얽히고, 너무 멀면 끊어진다. 고통의 한가운데서 나는 수많은 관계의 실타래에 걸려 넘어졌고, 때로는 그 실에 목이 졸리는 듯한 감각에 몸을 떨었다. 사람들과의 관계는 때로는 나를 살렸고, 때로는 나를 갉아먹었다. 그리고 나는 어느 순간, 사람을 정리하는 일이 나를 지키는 일임을 배웠다.

아프고 외로웠던 시간 속에서 나를 안아줄 거라 믿었던 사람들 중 몇은 나를 이해하지 못했다. 내가 처방받은 약을 혐오했고, 내가 반복해서 빠지는 우울의 골짜기를 불편해했다. 그들은 내 고통을 과장이라 여겼고, 때로는 나의 상처를 두고 뒷말을 하기도 했다. 그 시선이 날카롭게 가슴에 박힐 때마다, 나는 스스로를 변명해야 했다.

"그냥 요즘 좀 힘들어. 너도 알잖아?"

하지만 그 말이 끝나기도 전에 이미 마음은 멀어져 있었다. 이해하지 못하는 사람이 아니라, 이해할 생각조차 하지 않는 사람 앞에서 나는 작아졌고, 무너졌다.

그런 사람들과의 이별은 생각보다 어려웠다. 오래된 사진 속 함께 웃고 있는 얼굴, 기념일에 주고받은 메시지, 무심히 불러주던 내 이름! 그런 기억들이 나를 잡아당겼다. 하지만 결국, 나는 그 손을 놓았다. 나를 아프게 하면서까지 유지해야 할 관계는 없었다. 나를 사랑하는 법을 배우기 위해서는, 나를 아프게 만드는 것을 멀리해야 했다. 그건 이기심이 아니라, 생존이었다.

이별은 언제나 조용히 찾아왔다. 어느 날, 문득 그 사람의 연락처를 삭제하고, 더 이상 소식을 궁금해하지 않게 되었을 때! 그 공백이 아프지 않다는 것을 깨달았을 때! 나는 비로소 자유로워졌다. 관계가 사라진 자리에 처음엔 적막이 남았지만, 시간이 지나면서 그 자리에 평온이 깃들었다. 관계에서 벗어난다는 것은 어떤 의미에서 '나'라는 존재를 되찾는 일이기도 했다. 누구의 딸도, 누구의 친구도 아닌, 오직 '나'로서 존재하는 감각! 그것은 오랜만에 느껴보는 홀가분함이었다.

그러나 모든 관계가 나를 다치게 했던 것은 아니다. 아주 소수였지만, 내 곁에 조용히 머물러 준 사람들이 있었다. 말없이 음료를 건네주던 친구, 아무 말 없이 그저 내 얘기를 들어주던 지인, "너 잘하고 있어"라는 짧은 메시지를 보내준 누군가! 그들은 나를 고치려 들지 않았고, 나를 판단하지도 않았다. 그저 내 옆에 머물러 주었을 뿐이다. 그 존재들 덕분에 나는 외롭지만은 않았다. 내가 말하지 않아도 되는 몇 안 되는 사람들! 그들이 내 안의 고요를 지켜주었다.

나는 이제 사람을 조심스럽게 대한다. 누군가를 다시 받아들이기까지, 오랜 시간이 필요하다. 감정이 쉽게 열리지 않고, 친밀함 앞에서는 한 걸음 물러선다. 하지만 그 조심스러움 속에는 나를 지키기 위한 의지가 숨어 있다. 사람에게 상처를 받았지만, 사람으로 인해 다시 살아갈 수 있었기 때문이다. 나는 지금도 누군가를 완전히 믿기 어렵지만, 믿고 싶은 마음은 여전히 남아 있다. 그리고 그 마음은 아주 천천히, 아주 조심스럽게 내 삶의 문을 다시 연다.

사람과 관계를 맺는 일은 여전히 어렵다. 하지만 나는 이제 알고 있다. 모든 사람을 안을 필요는 없고, 모든 이의 기대에 부응할 이유도 없다는 것! 내가 살아가기 위해 필요한 사람은 몇 되지 않는다. 그리고 그 소수의 진심만으로도 삶은 충분히 따뜻해질 수 있다.

나는 누군가의 인정보다, 내 마음의 평화를 택하기로 했다. 관계의 무게에 짓눌려 숨을 헐떡이기보다는, 고요한 방 안에서 스스로를 다독이는 쪽을 선택했다. 때로는 텅 빈 대화창을 바라보며 외로움을 삼켜야 했지만, 그 침묵 속에서 나는 나를 되찾았다. 그리고 깨달았다. 사랑은 언제나 바깥에서 오는 것이 아니라, 안으로부터 피어오르는 것이라는 것을 말이다.

나는 이제, 나를 지키기 위해 사람을 선택한다. 더는 모든 관계에 기대지 않는다. 내가 누군가에게 무해한 존재로 남기를 바라듯, 나 또한 나를 해치지 않는 사람들과만 연결되기를 바란다. 그런 바람 속에서, 나는 오늘도 천천히 나아간다. 다친 날개를 쉬게 하며, 다시 날 수 있는 날을 기다리며 말이다.

  그리스의 철학자 디오게네스는 말한다.
  "사람을 대할 때는 불을 대하듯 하라. 다가갈 때는 타지 않을 정도로, 멀어질 때는 얼지 않을 만큼만!"

03

나는 희망으로
기억되기를 바란다

"꿈을 추구할 용기만 있다면, 그 모든 꿈을 이루어 낼 수 있다(All our dreams can come true, if we have the courage to pursue them) - 월트 디즈니(Walt Disney)"

꿈이란 말은 한때 내게 너무 멀었다. 정신의 혼란 속에 있을 때 하루를 살아내는 것도 벅찼고, 다음날의 존재조차 의심스러웠다. 그런데도 나는 문득, 언젠가의 나처럼 주저앉아 있는 이들에게 나의 이야기를 건네고 싶어졌다. 내가 걸어온 이 어둡고도 치열했던 길이 누군가에게 작은 빛이 될 수 있다면, 그 이유만으로도 다시 꿈을 꾸어볼 수 있을 것 같았다.

언젠가, 심한 감정의 소용돌이 속에서 하루를 간신히 버티던 어느 저녁, 낡은 노트북을 열고 무심코 써 내려간 몇 줄의 문장이 있었다. 그 문장은 다듬어지지 않았고, 논리도 없었지만, 그 순간만큼은 그 문장이 나를 살게 했다. '나, 오늘도 견뎠다'라고 적은 그 한 문장이 나에게는 약보다, 말보다 더 큰 위안이었다.

나는 그날을 잊을 수 없다. 울음을 참느라 지친 손으로 키보드를 두드리던 나, 내 감정의 파편들을 모아 한 문단으로 묶던 그 밤! 그것이 내 글쓰기가 단순한 기록을 넘어 생존의 도구가 되었음을 처음 실감한 순간이었다. 그 경험은 이후의 모든 글쓰기의 출발점이 되었다. 나는 여전히, 그리고 앞으로도, 나를 다시 붙드는 언어를 찾기 위해 글을 쓸 것이다.

누군가는 글이 말보다 무겁다고 하지만, 나에게는 말보다 솔직한 것이 글이다. 내가 견뎌온 시간, 겪은 고통, 느낀 회복과 변화들, 그것들을 정직하게 기록함으로써 나는 또 하나의 나를 만들어낸다. 그것은 무너졌던 나를 복원하는 작업이자, 새로운 나를 위한 희망의 서사다.

처음 책을 쓰겠다고 마음먹었을 때, 나는 누구를 설득하려는 것이 아니었다. 오히려 나 자신을 설득하는 과정이었다.

'나는 살아냈다'라는 사실을 스스로 믿기 위한 증거! 하루하루를 이어 나가는 일상에서, 언어로 상처를 꿰매고 기억을 붙잡고 마음을 다독였다. 글은 고통의 기록이면서도 동시에 회복의 증거였다. 말로 설명되지 않는 마음의 지형을, 나는 글로 그려내려 했다. 그렇게 내 첫 번째 책이 태어났고, 그 책은 낯선 누군가에게 닿아 또 다른 울림이 되어 돌아왔다.

그리고 이제, 나는 두 번째 책을 쓰고 있다. 전보다 더 조심스럽고 더 깊이 있게! 이 책은 단지 아픈 사람의 고백이 아니라, 고통을 통과해 온 사람의 이야기다. 나는 이 책을 통해 증명하고 싶었다. 고통이 전부가 아니며, 상처는 끝이 아니라 시작이 될 수 있다는 것을, 회복은 특정한 순간이 아니라, 매일을 살아내는 방식 속에 있다는 것을, 그리고 무엇보다, 다시 꿈꿀 수 있다는 것을 말이다.

어릴 적 나는 막연히 '열두 권의 책을 쓰고 싶다'는 꿈을 가졌었다. 그때는 단순히 작가가 되고 싶다는 바람이었다. 지금은 다르다. 내가 쓰는 글이 누군가의 고통을 덜어내 주고, 누군가의 마음에 작은 쉼표가 될 수 있기를 바란다. 꼭 위로가 아니어도 좋다. 그저 누군가의 내면에 한 번쯤 여운을 남길 수 있다면, 그것으로 나는 충분하다.

나의 꿈은 확고한 목표가 아니다. 깜깜한 길 멀리 희미한 불빛처럼 작은 길잡이이자 희망이다. 나는 그 불빛을 향해, 아주 조심스러운 발걸음으로 걸어간다. 단어 하나에 머물고, 문장 하나에 오래 고민한다. 쓰는 일은 내게 또 다른 생존 방식이자, 나를 세상과 연결하는 방법이다. 혼자 있던 시간, 이해받지 못했던 말들, 외면당했던 감정들을 글로써 되살린다. 그 되살림이야말로 회복의 또 다른 이름이라는 것을, 이제는 믿는다.

나는 확신하지 못한다. 이 책이 얼마나 많은 사람에게 닿을 수 있을지, 얼마나 공감을 불러일으킬 수 있을지 말이다. 그러나 나는 안다. 이 글을 쓰는 나 자신은, 그때의 나와는 다르다는 것을! 나는 더 단단해졌고, 더 솔직해졌고, 무엇보다 다시 꿈꾸는 법을 배웠다.

오늘도 나는 쓰고 있다. 삶을, 고통을, 회복을, 그리고 희망을! 이것이 내가 다시 꿈꾸기 시작한 이야기다. 지금도 어딘가에서, 또 다른 누군가가 이와 비슷한 꿈을 꾸고 있기를 바란다. 우리가 함께 견디고, 함께 걸으며, 함께 살아갈 수 있다는 믿음을 다시 이어갈 수 있기를 말이다. 우리는 모두 각자의 이야기로 회복 중이다. 그리고 나는, 그 이야기의 한 문장이기를 바란다.

그리고 나는 또 다른 꿈도 꾼다. 한때 약의 부작용으로 인해 무너졌던 내 몸과 마음을 기억하기에, 나는 누군가의 몸에 닿을 약이 얼마나 섬세해야 하는지 알게 되었다. 그래서 언젠가 건강기능식품과 실용 약품들을 모은 따뜻한 온라인 쇼핑몰을 만들고 싶다는 꿈을 말이다. 온갖 헛된 희망의 문구로 가득 찬 허황된 광고 대신 믿을 수 있는 정보를 제공하고, 실제 도움이 되는 제품들을 모아놓는 공간! 외국에서 살아가는 동포들에게도 도움이 되는 플랫폼! 단순한 수익이 아닌, 삶의 질을 높이는 가치를 담은 사업! 그 꿈은 내 안의 아픔을 가장 선명하게 품은 비전이다.

나아가 언젠가 진짜 약을 만드는 회사의 창립자가 되고 싶다는 생각도 해본다. 과민성 대장증후군, 탈모, 만성통증 같은 만성질환은 흔하지만 여전히 확실한 해결책은 없다. 나는 전문가도, 연구자도 아니지만, 그 고통이 삶을 얼마나 무너뜨릴 수 있는지를 알고 있다. 그래서 언젠가는, 그 질병들을 조금이나마 덜어주는 약을 만드는 회사를 세우고 싶다. 셀트리온처럼 거대한 기업은 아닐지라도, 진심을 담은 약을 만드는 작은 회사! 그 출발점에 내가 서고 싶다. 내가 고통을 겪었기에, 그 고통을 돌보는 사람이 되고 싶다는 꿈! 나는 경영자가 될 수는 없겠지만, 이런 비전을 가진 사람으로 살아가고 싶다.

이런 꿈을 꾸는 지금의 나는, 더 이상 아픔을 숨기지 않는다. 나는 비혼주의자이고, 한 명의 평범한 여성이고, 때로는 외롭지만 혼자서도 단단히 설 수 있다는 사실을 매일 연습하며 살아간다. 언젠가 정말 많은 돈을 벌게 된다면, 나는 나와 같은 이들에게, 그들에게만 기부하고 싶다. 진심으로 도움이 필요한 사람들, 더 이상 지지대가 없는 이들에게 내 손을 건네고 싶다. 이름 모를 병과 싸우는 누군가에게, 약값을 걱정하는 누군가에게, 그 돈이 한 조각의 빛이 될 수 있다면 더 바랄 게 없다.

나는 더 이상 나를 고통으로만 기억되는 사람이 되길 원하지 않는다. 희망을 이야기하는 사람, 연대를 나누는 사람, 누군가에게 다시 살아볼 용기를 전해주는 이름으로 기억되고 싶다. 상처로 인해 쓰러졌지만, 그 상처 위에 꽃을 심은 사람으로 남고 싶다. 나를 둘러싼 고통의 서사는 이제 치유와 용기의 언어로 다시 쓰이고 싶다.

이제 나는 어제가 아닌 오늘을 살아가고 있다. 나의 꿈을 위해 공부를 한다. 그리고 믿는다. 이 글을 쓰는 지금 이 순간도 언젠가 누군가의 앞날이 될 수 있다는 것을 말이다. 그리고 그 믿음이, 내 삶의 방향이고, 내가 걸어가야 할 길이다. 나의 이름이 슬픔보다 희망으로, 고통보다 온기로 기억되기를 바란다.

지금을 살아가는 당신의 이야기…
나는 말하고 싶다. 당신의 이야기도 언젠가
누군가에게 빛이 될 수 있다고!

Epilogue

"사랑은 완벽한 상태로 오지 않는다. 그것은 연습이며, 배움이며, 결국 선택이다(Love is not something you feel. It is something you do) - 레오 버스카글리아(Leo Buscaglia)"

내가 살아온 시간을 돌아보면, 어떤 장면들은 여전히 눈을 감으면 선명하게 떠오른다. 예컨대 한겨울 밤, 멍하니 거실 소파에 앉아 아무 소리도 내지 못한 채 창밖을 바라보던 장면! 희미한 가로등 불빛 아래 쌓인 눈은 고요했지만, 그 고요 속에서 나는 안간힘을 다해 울음을 삼키고 있었다. 누구도 듣지 못하는 그 조용한 울음은, 내가 얼마나 아팠는지를 또렷하게 말해주는 증거였다. 하지만 이 고통의 기억은 이제 더 이상 나를 짓누르지 않는다. 그것은 내가 얼마나 오래 버텼는지를 증명하는 증거이자, 나의 생존 기록이기 때문이다. 나는 그날의 침묵 속에서 여전히 스스로를 다독이고 있었고, 그 장면은 고통과 마주한 내가 처음으로 살아있음의 증거를 찾으려 애썼던 순간이었다.

언젠가 누군가 사랑을 묻는다면 어떻게 대답할까 오랫동안 생각했다. 사랑을 정의하기엔 나는 아직 너무 어렸고, 그리고 난 너무나 오랜 시간 깊은 어둠 속에 머물러 있었다. 20대의 시간은 봄꽃처럼 아득히 피어나는 계절이라고들 했지만, 내게 그것은 길고 서늘한 겨울밤과 같았다. 그 겨울을 견디는 동안 나는 종종 내 삶이 텅 빈 방 같다는 생각을 했다. 온기는 멀리 있었고, 손을 뻗으면 잡힐 듯한 행복마저도 물안개처럼 내 손가락 사이로 흩어졌다. 그렇게 나는 차갑고 희미한 방 안에서 홀로 울고 있었다.

사랑이라는 말은 나에게 늘 애증의 단어였다. 어쩌면 어린 날부터 나는 그 사랑을 간절히 기다려 왔는지도 모른다. 마음에 깊게 뿌리내린 결핍은 늘 내가 붙잡으려는 것들을 밀어냈고, 닿으려 할수록 더 멀리 떠났다. 사랑을 갈구하면서도 그것이 무엇인지조차 알지 못했던 나는 이리저리 헤매며 긁히고 아팠다.

어느 밤 깊은 어둠 속에 비추는 한 줄기 빛! 그 빛은 낯설었고 눈이 부셨다. 그리고 아주 천천히, 물결이 잔잔히 퍼지듯 내 안을 비추었다. 그렇게 그는 내 삶에 들어왔다. 처음부터 그가 사랑이라는 걸 알아본 건 아니었다. 남자친구라는 이름을 얻은 그는 늘 말없이 나의 곁을 지켰고, 지칠 때면 뒤에서 조용히 어깨를 두드렸다.

그는 나의 깊은 우울과 불안 속으로 내려와 내가 잊고 있던 세상의 온기를 조용히 상기시켰다. 그의 목소리는 언제나 부드러운 바람 같았고, 그가 나를 바라보던 시선 속에서 나는 처음으로 사랑이라는 말의 온기를 느꼈다. 그는 내 손을 잡고 걸으며 늘 미소를 지었다. 그 미소는 마치 초봄의 햇볕 같았다. 어두운 나의 마음 구석에 작고 따뜻한 빛을 뿌려주는 그런 미소였다.

부르기만 해도 가슴 언저리가 저릿해지는 이름, 엄마! 그리고 아빠! 부모님과의 사랑은 늘 복잡하고 뒤엉켜 있다. 서로 이해하기엔 그 거리는 너무 멀었고, 해와 달처럼 반대의 시간을 살았다. 그래서 자주 화가 나고 슬펐다. 가끔은 분노가 너무 깊어져, 속으로 비명을 지르는 밤도 있었다. 하지만 그 비명 끝에는 언제나 서글픈 미안함이 더 커서 더 화가 난다. 나의 엄마는 따뜻한 말을 주는 법이 없었고, 무심한 표정 뒤에서 내가 기대했던 모든 따스함을 차갑게 밀어냈다.

하지만 내가 아파할 때, 새벽녘 부엌에서 조용히 눈물을 닦으며 내 방 앞에 말없이 서 있곤 했다. 엄마가 말없이 건넨 각종 먹을 것들! 엄마가 표현할 수 있는 최대의 사랑이다. 그릇을 만질 때마다, 투박하고 거친 손끝의 감촉이 전해졌고, 그 순간만큼은 이해할 수 없는 서러움과 함께 작은 안도감이 몰려왔다.

아빠는 늘 침묵으로 나를 대했다. 마치 아빠는 그래야 한다는 강박 같은 무표정한 얼굴 속에는 내가 결코 이해할 수 없는 수많은 감정들이 숨겨져 있었고, 나는 숨이 막혔다. 그 견딜 수 없는 숨막힘을 피해 밤늦게 집에 돌아오는 날이면 창가에 어른거리는 아빠의 희미한 그림자! 나의 인기척을 확인하고 나서야 방으로 들어가는 그 뒷모습! 우리는 모두 서로를 사랑하고 있었다. 끝없는 짝사랑이었다. 그런 서툴고 투박한 사랑 속에서 나는 여리고 예민한 마음으로 수없이 상처받았지만, 결코 나의 아픔과 딸을 포기할 수 없다는 부모님의 한결같은 사랑이었다는 것을 이제야 겨우 깨닫고 있다.

그 무엇보다 어려웠던 사랑은 바로 나 자신을 향한 사랑이었다. 사랑을 찾아 헤매며 나 자신을 잃어버린 채 약과 뒤섞인 감정들이 폭발할 때마다, 나는 스스로를 이해하지 못했다. 사람들의 비난 속에서 나는 더 크게 나 자신을 비난했고, 거울 속에서 초라하게 흔들리는 내 모습을 외면했다.

수없이 나 자신을 포기하고 싶은 밤들을 지나며, 나는 여전히 나 자신을 간절히 사랑하고 싶어 하는 또 다른 나와 마주쳤다. 많은 시간을 스스로 생채기를 내고 절망의 끝에 다다라서야 나 자신을 끌어안았다. 너무나 처참하게 부서져 버린 나를 보며 이젠 버리지 않겠다고, 다시 찾겠다고 약속한 그 순간부터 내 안에서 조용히 작은 변화들이 시작되었다.

사랑이란 언제나 멀리 있는 별빛 같은 줄 알았다. 밤하늘을 올려다보며 닿을 수 없는 꿈처럼 느꼈던 그 별이, 어느 날 내가 눈물을 닦고 고개를 떨구었을 때 내 곁의 작은 웅덩이에 이미 내려와 반짝이고 있었다. 타인의 손길을 기다리며 간절히 울던 내가, 스스로를 껴안고 눈물을 닦아준 순간 알게 되었다. 진짜 사랑이란 누군가에게서 받는 위로가 아니라, 무너지려는 나를 스스로 일으켜 세우며 나의 연약한 마음을 따뜻하게 안아주는 것임을 말이다.

되돌아본 그 아픈 여정이 바로 나를 향한 진정한 치유였으며, 그 끝에서 빛나고 있는 유일한 답은 결국 사랑이었다. 그리고 우리가 아직 가지 않은 길 위 어딘가, 모퉁이 모퉁이마다 수많은 사랑은 조용히 나를 기다리고 있을 것이다.

Bath

OFF ON OFF

(작사 : Hee Soo Kim / Ji Ho Seo)

거긴 날씨가 어때
나의 하늘과 밤엔
자꾸 떠오르는 기억이
계속 내게 말을 건네네

우리는 함께일 때
참 많이도 웃었네
지금 나는 무표정을 해
너가 없이 무슨 말을 해

Why 도대체 왜
어떤 걸로도 대신할 수 없는
말로는 설명할 수 없는
무슨 기분일까
무슨 마음일까
내게 왜 그래

나는 왜 이게

보고 싶어
보고 싶어
나가 보고 싶어서
내가 이게 나는 이대
Oh 보고 싶어
이렇게 보고 싶은걸
그건 사랑이래
이건 사랑이네

나는 매일 네 생각을 해
그럼 멈추는 게 정 안 돼
How can I love you?
Oh, yeah

이제 나는 네게 말을 해
나의 맘이 흔들리지게
How much I love you?
I'll never let you down, yeah

(출처 : Musixmatch / bath 가사 ⓒ High Ground Inc)

"내 생애를 다하여 늘
마지막 미소를 너에게 줄 거야."

Thanks to

Forever. H
Only. M
Dear. J